Klasse! A1

Deutsch für Jugendliche

Intensivtrainer

Sarah Fleer

Margret Rodi

Ernst Klett Sprachen
Stuttgart

Autoren: Sarah Fleer, Margret Rodi
Projektleitung: Angela Kilimann
Redaktion: Carola Jeschke
Herstellung: Carolyn Merkel
Layoutkonzeption und Gestaltung: Andrea Pfeifer, München
Illustrationen: Andrea Naumann, Aachen
Satz: Satz & mehr, Besigheim
Covergestaltung: Studio Schübel, München und Ulrike Steffen, Karlsruhe
Titelbild und Auftragsfotos: Dieter Mayr, München

Informationen und zu diesem Titel passende Produkte finden Sie auf www.klett-sprachen.de/klasse

1. Auflage 1 7 6 5 | 2026 25 24

Druck und Bindung: DRUCKEREI PLENK GmbH & Co. KG, Berchtesgaden

ISBN 978-3-12-607127-7

9 783126 071277

MIX
Papier | Fördert gute Waldnutzung
FSC® C005370
www.fsc.org

Willkommen im Intensivtrainer zu Klasse!

Inhalt

Symbole im Intensivtrainer

▸KB1 Die Übung im Intensivtrainer kannst du nach der Aufgabe 1 im Kursbuch machen.

Diese Übung ist etwas einfacher.

Diese Übung ist etwas schwieriger.

Du schreibst einen Text.

Frag. / Antworte.

Markiere.

Kreuze an.

Schreib. / Notiere. / Mache Notizen.

Ergänze.

Lies.

Ordne zu.

1 Hallo! Servus! Salü!

1 Was ist das? Wer ist das? Schreib die Wörter richtig.

▶KB2

1. Schalsiepure 
Schauspieler

2. Srägnien 
______

3. Gled 
______

4. Dnlcteahsud 
______

5. die Schiewz 
______

6. Örseiterch 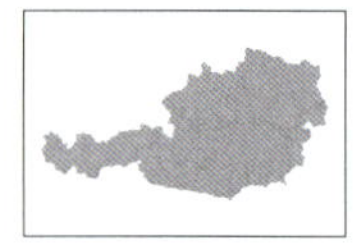
______

7. Schaodokle 
______

8. Kefafe 
______

9. Cloa 
______

10. Flubaßl 
______

11. Bataskelbl 
______

12. Atuo 
______

2 Was sagt man? Ergänze.

▶KB3

1. G u _ _ _ M o r _ _ _ .
2. G u _ _ _ T _ _ .
3. G u _ _ _ A b _ _ _ .

3 Was sagen die Personen? Ergänze die Dialoge.

▶KB3

Frau ✦ Marie ✦ Morgen ✦ Tschüs ✦ Wiedersehen ✦ Guten ✦ Hallo

1. ● Guten ______, Frau Schulz.
   ○ ______ Morgen, Herr Kuhn.

2. ● ______ Henri!
   ○ Hi, ______!

3. ● Auf ______, ______ Neeland!
   ○ ______, Henri!

1

4 Wie geht's? Ordne zu und schreib.

▶KB4

~~Danke, gut.~~ ✦ Passt. ✦ Gut, und dir? ✦ Geht so. ✦ Sehr gut.

🙂	😐
Danke, gut.	______
______	______
______	______

5 Ordne den Dialog und schreib die Sätze.

▶KB4

- ● ☐ Sehr gut, und dir?
- ● ☐ Tschüs!
- ● ☒1 Hi Linus!
- ○ ☐ Danke, gut. Bis später!
- ○ ☐ Hallo Max, wie geht's?

1. ● ______
2. ○ ______
3. ● ______
4. ○ ______
5. ● ______

6 Ergänze die Dialoge.

▶KB5

1. ● Hier bit _ _ !
   ○ Oh, da _ _ _. Wi _ heiß _ d _?
   ● Ic _ he _ _ _ Jannik.

2. ○ Ha _ _ _ Jannik, ic _ bi _ Sinan u _ _ da _ is _ Luis.
   ● Ha _ _ _.

3. ■ U _ _ we _ i _ _ da _?
   ● D _ _ i _ _ Bernie.

7 Wer ist das? Ergänze die W-Fragen und die Aussagesätze.

▶KB5

Ich ✦ Was ✦ Das ✦ Wer ✦ Wie ✦ Das

1. ● _____ heißt du? ○ _____ heiße Jannik.
2. ● _____ ist das? ○ _____ ist Sinan.
3. ● _____ ist das? ○ _____ ist Kaffee.

8 Markiere die Wörter und schreib den Dialog.

▶KB5

1. ● HALLO,|ICH|HEIßEFINN.UNDWIEHEIßTDU?
2. ○ ICHBINMIRA.
3. ● UNDWERISTDAS?
4. ○ DASISTLARA.

1. ● Hallo, ich ...
2. ○ ______
3. ● ______
4. ○ ______

9 Das Alphabet – Wo passen die Buchstaben? Ergänze.

▶KB6

Ww ✦ Qq ✦ Ee ✦ Nn ✦ Zz ✦ Üü ✦ Hh ✦ Rr ✦ Vv ✦ Cc ✦ Jj

Aa Bb _____ Dd _____ Ff Gg _____ Ii _____ Kk Ll Mm _____ Oo Pp _____ _____ Ss Tt Uu _____ _____ Xx Yy _____ Ää Öö _____ ßß

10 Zahlen von 1 bis 15 – Schreib die Zahlen wie im Beispiel.

▶KB7

sieben
______
______
______
______
______
______

11 Schreib die Sätze.

▶ KB9

1. ● bist – alt – Wie – du?

   Wie alt bist du?

2. ○ 13 Jahre – Ich – alt. – bin – du? – Und

   ____

3. ● bin – Ich – 14. – deine Nummer? – Wie – ist

   ____

12 Deutsch im Unterricht – Ergänze den Dialog.

▶ KB10

man ✦ ~~Frage~~ ✦ bitte ✦ ist ✦ Ja

1. ● Ich habe eine Frage. ○ ________, bitte?
2. ● Wie schreibt ________ das? ○ K – A – F – F – E – E.
3. ● Noch einmal, ________. ○ K – A – F – F – E – E.
4. ● K – A – F – F – E – E? ○ Das ________ richtig.

13 Kennenlernen – Ordne zu.

▶ KB11

1. Wie heißt du? — D
2. Wie alt bist du?
3. Wie ist deine Handynummer?
4. Wie geht's?

A 01567 44901.
B Sehr gut!
C Ich bin 14 Jahre alt.
D Ich heiße Luis.

14 Schreib Dialoge. Markiere die Verben.

▶ KB11

Ich ✦ ~~Wer~~ ✦ Wie ✦ Ich ✦ Was ✦ ~~Das~~ ✦ Wie alt ✦ Wie ✦ Das ✦ Meine Nummer

~~ist~~ ✦ heiße ✦ ~~ist~~ ✦ ist ✦ heißt ✦ bist ✦ ist ✦ bin ✦ ist ✦ ist

~~das~~ ✦ du ✦ ~~Lilly~~ ✦ Marie ✦ du ✦ 0156 744 901 ✦ deine Telefonnummer ✦ das ✦ 14 Jahre alt ✦ Schokolade

1. ● Wer (ist) das?
   ○ Das (ist) Lilly.
2. ● ______________________________
   ○ ______________________________
3. ● ______________________________
   ○ ______________________________
4. ● ______________________________
   ○ ______________________________
5. ● ______________________________
   ○ ______________________________

2 Das bin ich!

1 Suche acht Hobbys in der Wortschlange, ordne zu und notiere.

▶KB1

~~AMCOMPUTERSPIELEN~~|FOTOGRAFIERENMUSIKHÖRENSINGENSCHWIM
MENGITARRESPIELENJOGGENTENNISSPIELEN

1. ______________

2. am Computer spielen

3. ______________

4. ______________

5. ______________

6. ______________

7. ______________

8. ______________

2 a Ein Interview – Lies die Fragen und Antworten. Was passt zusammen? Verbinde.

▶KB3

1. Wie heißt du? — B
2. Wer ist das?
3. Gehst du ins Lessing-Gymnasium?
4. Machst du gern Sport?
5. Was machst du gern?
6. Hörst du gern Musik?

A Nein, ich gehe ins Goethe-Gymnasium.
B Ich heiße Sophia Meier.
C Ich spiele gern am Computer.
D Das ist Wauzi.
E Ja, ich höre gern Musik.
F Nein, ich mache nicht gern Sport.

b Schreib die Fragen aus 2a in die Tabelle.

W-Fragen		
Position 1	**Verb Position 2**	
Wie	heißt	du?
Ja-Nein-Fragen		
Verb Position 1	**Position 2**	
Gehst	du	...

3 *Ich* oder *du*? Ergänze.

▶KB3

1. Fotografierst _____ gern?
2. _____ gehst in die Klasse 7a.
3. _____ jogge und schwimme gern.
4. Wie alt bist _____?
5. Ja, _____ mache gern Musik.
6. Singst _____ in einer Band?

4 a Lies die Texte und die Sätze. Jana oder Rafael? Markiere.

▶KB4

Das ist Jana Krause. Sie ist 12 Jahre alt und geht in die Klasse 7d. Sie wohnt in Hamburg. Jana ist lustig und sie spielt Volleyball.

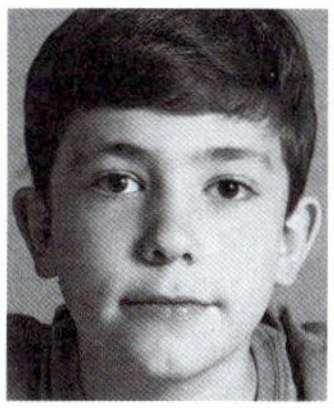

Das ist Rafael Santos. Er kommt aus Spanien, aber er wohnt in Berlin. Rafael geht ins Heine-Gymnasium und hört gern Musik.

1. Jana / Rafael kommt aus Deutschland.
2. Jana / Rafael wohnt in Berlin.
3. Jana / Rafael geht in die 7d.
4. Jana / Rafael macht gern Sport.

b Ergänze die Tabelle. Die Texte in 4a helfen.

	sein	gehen	wohnen	spielen	hören
ich	bin	gehe	wohne	spiele	höre
du	bist	gehst	wohnst	spielst	hörst
er/sie					

c Ergänze.

t ✦ e ✦ t ✦ st ✦ t ✦ st ✦ t ✦ e ✦ t ✦ st ✦ t

1. Was mach__ Mia gern? – Sie fotografier__ gern. Fotografier__ du auch gern?
2. Was spiel__ du gern? – Ich spiel__ gern Volleyball und Tennis.
3. Florian sing__ gern und er spiel__ auch gern Gitarre.
4. Wer komm__ aus Österreich? – Benno, aber er wohn__ in Deutschland.
5. Ich jogg__ nicht gern. Und du? Jogg__ du gern?

d Lies den Text und ergänze die Verben in der richtigen Form.

Hallo,

ich ____________ (1) Jannik und ich ____________ (2) 13 Jahre alt.
Ich ____________ (3) in München und ____________ (4) ins Schiller-Gymnasium
in die Klasse 7e. Mein Hobby ____________ (5) Basketball spielen.
Ich ____________ (6) auch gern Musik. Das ____________ (7) Bernie.
Er ____________ (8) 3 Jahre alt. Er ____________ (9) auch gern Ball.
Und wer ____________ (10) du? Was ____________ (11) du gern?

5 Schreib die Sätze in die Tabelle.

▶KB4

1. aus Spanien – ich – kommen – .
2. Helena – gern – Gitarre – spielen – .
3. nicht gern – am Computer – du – spielen – .
4. Karim – sein – 13 Jahre alt – .
5. in die Klasse 7b – ich – gehen –.

Aussagesätze		
Position 1	**Verb Position 2**	
1. Ich	Komme	
2.		
3.		
4.		
5.		

6 a Suche und markiere acht Zahlen. Notiere die Zahlen.

▶KB5

ach|sechzehn|drevierundsiebzigölfeeinunddreißigzehfünfundfünfzigfünelf
unzweiundneunziguntdreiundzwanzigsiehundert

16, ...

b Ergänze die Zahlen im Rätsel und in den Sätzen 1–8. Wie alt ist Max?

1. Herr Kaufmann ist 47 Jahre alt.
2. Lottozahlen: 14, 8, 48, 21, 11, 33; Superzahl 2
3. Apfelstrudel: 3 Euro.
4. Adresse: Hauptstraße 13, Stuttgart
5. Frau Schmidt ist 51 Jahre alt.
6. Berlin: ______ Kilometer
7. Das ist die Linie 18.
8. Hamburg: ______ Grad

	1.	s	i	e													
2.	d	r	e	i	u	n	d	d	r	e	i	ß	i	g			
								3.									
									4.								
5.																	
		6.	n	e	u	n	u	n	d	s	e	c	h	z	i	g	
				7.													
8.	f	ü	n	f	u	n	d	z	w	a	n	z	i	g			

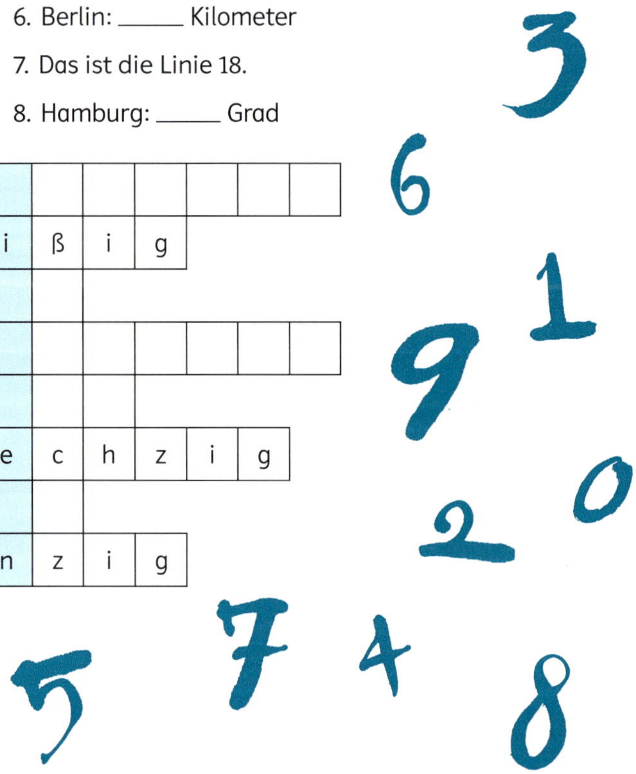

Lösung: Max ist __________ Jahre alt.

7 **a** **Suche zehn Länder und notiere.**

▶KB7

~~FRANK~~ DÄNE GRIECHEN ÖSTER LIEN ~~REICH~~ TÜR ITA

KANA LEN RIEN SY SPA MARK REICH LAND DA KEI PO NIEN

Frankreich, ... ____

____

b **Welche Sprachen passen? Ergänze.**

Spanisch (2x) ✦ Italienisch ✦ Türkisch ✦ Deutsch ✦ Chinesisch ✦ Englisch ✦ ~~Rätoromanisch~~ ✦ Französisch (3x) ✦ Persisch

1. Frankreich	____________	4. China	____________
2. Spanien	____________	5. Iran	____________
3. Schweiz	____________	6. Türkei	____________
	____________	7. Argentinien	____________
	____________	8. Kanada	____________
	Rätoromanisch		____________

8 **a** **Ein Steckbrief – Lies den Steckbrief und die Sätze. Richtig oder falsch? Kreuze an.**

▶KB7

Name: Nathalie Weber
Alter: 12
Land: Schweiz
Stadt: Zürich
Sprachen: Deutsch, Französisch, Englisch
☺ Klavier spielen
☹ Volleyball spielen

	richtig	falsch
1. Nathalie ist zwölf Jahre alt.	☐	☐
2. Sie kommt aus Deutschland.	☐	☐
3. Sie spricht Deutsch.	☐	☐
4. Sie spricht auch Italienisch.	☐	☐
5. Sie spielt gern Volleyball, aber sie spielt nicht gern Klavier.	☐	☐

b **Mein Steckbrief – Schreib selbst einen Steckbrief und ergänze die Sätze.**

Name: ____________
Alter: ____________
Land: ____________
Stadt: ____________
Sprachen: ____________
☺ ____________
☹ ____________

Ich heiße ____________ und ich ____________ Jahre alt. Ich komme aus ____________ und ich wohne in ____________. Ich spreche ____________.

Ich ____________ gern ____________. Aber ich ____________ nicht gern ____________.

3 Meine Schule

1 a Das ist meine Schule – Lies den Text und ergänze die Wörter.

▶KB1

sind ✦ Orchester ✦ Essen ✦ singe ✦ Lieblingsfach ✦ Hausaufgaben ✦ Klasse ✦ Sommer ✦ heißt ✦ ~~Schüler~~ ✦ Lehrer

Hallo, ich bin Fabian und das ist meine Schule: Das Brecht-Gymnasium. Wir sind 960 Schülerinnen und Schüler (1), 42 Klassen und 80 Lehrerinnen und ______ (2). Wir haben eine Schulbibliothek, da mache ich manchmal ______ (3). Wir haben auch eine Cafeteria. Das ______ (4) ist super! Das ist der Chor, da ______ (5) ich. Wir haben auch ein ______ (6), aber da spiele ich nicht. Da ist der Sportplatz. Im ______ (7) machen wir ein Sportturnier, aber ich mache nicht gern Sport. Die Direktorin ______ (8) Frau Mutschall. Ich gehe in die ______ (9) 8a. Wir ______ (10) 28 Schülerinnen und Schüler. Mein ______ (11) ist Kunst.

b Lies den Text in 1a noch einmal, lies die Aussagen und kreuze an: richtig oder falsch?

	richtig	falsch
1. In Fabians Schule sind 42 Lehrer.	☐	☐
2. Das Essen ist toll.	☐	☐
3. Fabian ist im Chor.	☐	☐
4. Fabian spielt im Orchester.	☐	☐
5. Fabian liebt Sport.	☐	☐
6. Frau Mutschall ist die Direktorin.	☐	☐
7. Fabian findet Kunst gut.	☐	☐

2 a Schulfächer – Welche Schulfächer sind das? Schreib.

▶KB2

Französisch ✦ Englisch ✦ Biologie ✦ Chemie ✦ Sport ✦ Deutsch ✦ Kunst ✦ Musik ✦ Mathematik

 1. ______	Bonjour 4. ______	$a^2 + b^2 = c^2$ 7. ______
 2. ______	Ich heiße Max. 5. ______	 8. ______
 3. ______	How are you? 6. ______	 9. ______

b Welche Schulfächer kennst du noch? Notiere vier Fächer.

Ethik, ...

3 a In der Schultasche – Schreib die Wörter mit Artikel.

▶KB4

1. Keschubergleir	der Kugelschreiber	6. Hadny	______
2. Schlessül	______	7. Fatarkhre	______
3. Laniel	______	8. Wöturrbech	______
4. Sechre	______	9. Biltfeist	______
5. Fülelr	______	10. Ramdiergimu	______

b Und deine Schultasche? Was ist auch in deiner Schultasche? Schreib fünf Wörter.

das Handy, …

c Ergänze die Dialoge.

1. ● Wie hei ß t das auf Deutsch? ○ Keine Ahn ___.
2. ● Was i __ das? ○ D __ ist das Line __.
3. ● Und w __ ist das? ○ Ich we __ nic __.

4 a Artikel üben – Schreib die Wörter unten und die Wörter aus 3 in die Tabelle.

▶KB4

Wand ✦ Tafel ✦ Tisch ✦ Tür ✦ Stuhl ✦ Fenster ✦ Apfel ✦ Lampe ✦ Pferd ✦ Orangensaft ✦ Bonbon ✦ Marker ✦ Mäppchen

der	das	die
der Kugelschreiber 		

b Welcher Artikel passt? Notiere die Wörter aus Kapitel 1 und 2 mit Artikel. Die Wortlisten im Arbeitsbuch helfen.

~~Klasse~~ ✦ ~~Foto~~ ✦ ~~Computer~~ ✦ Frau ✦ Essen ✦ Kino ✦ Sängerin ✦ Auto ✦ Tee ✦ Schauspieler ✦ Familie ✦ Kaffee ✦ Herr ✦ Hobby ✦ Adresse

der	das	die
der Computer	das Foto	die Klasse

5 Wer? Ergänze.

▶KB6

ich ✦ du ✦ er ✦ es ✦ sie ✦ sie ✦ wir ✦ ihr ✦ sie

1. Er spielt Basketball.

2. Das sind Liam und Ella. _____ spielen.

3. Hey, wie heißt _____?

4. _____ singt.

5. Hallo. _____ heiße Lisa.

6. Ja, _____ spielen gern Volleyball.

7. Versteht _____ das?

8. Da ist ein Pferd! _____ hört Musik.

9. Herr Maier, hören _____ gern Musik?

6 a Das ist Dana – Schreib die Sätze.

▶KB6

1. Ich – Klavier. – gern – spielen
   Ich spiele gern Klavier.
2. sehen – gern – ich – Serien.
   ____
3. in die Klasse 8a. – gehen – ich
   ____
4. ich – aus Polen. – kommen
   ____
5. wohnen – in Berlin. – ich
   ____
6. auch – Französisch. – ich – lernen
   ____

3

b **Dana und Jana machen alles zusammen. Schreib die Sätze aus 6a mit *wir*.**

1. Wir spielen gern Klavier.
2. Wir ...
3. ______
4. ______
5. ______
6. ______

c **Schreib Fragen an Dana und Jana.**

Gitarre spielen
gern fotografieren
~~singen~~
ins Brecht-Gymnasium gehen
gern Bücher lesen

1. Singt ihr?
2. ______
3. ______
4. ______
5. ______

7 Schreib die Verben in der richtigen Form.

▶KB6

A
- ● Mama, kommst (1, kommen) du bitte?
- ○ Ja, ich ______ (2, kommen). Wo ______ (3, sein) du?
- ● Ich ______ (4, sein) hier!
- ○ Und wo ______ (5, sein) Bernie?
- ● Hier ______ (6, sein) er nicht!

B
- ● Ich ______ (1, heißen) Gustav Daum, und Sie? Wie ______ (2, heißen) Sie?
- ○ Mein Name ______ (3, sein) Kasper. ______ (4, sein) Sie auch Lehrer hier?
- ● Ja, meine Fächer ______ (5, sein) Mathematik und Physik.

C
Das ______ (1, sein) Jannik, Sinan und Luis. Sie ______ (2, wohnen) in München. Sie ______ (3, spielen) gern Basketball und sie ______ (4, machen) viel Sport. Sie ______ (5, hören) auch gern Musik und sie ______ (6, sehen) gern Serien.

8 Wie viele? Schreib wie im Beispiel.

▶KB8

Bikini (2) ✦ Stundenplan (3) ✦ Füller (4) ✦ Glas (5) ✦ Stift (6) ✦ Kartoffel (7) ✦ Apfel (8) ✦ Heft (9) ✦ Kuli (10)

zwei Bikinis, ...

9 a Lies Janniks Stundenplan und ergänze die Sätze.

▶KB10

	Montag	Dienstag	Mittwoch	Donnerstag	Freitag
8.00 - 8.45	Mathe	Deutsch	Musik	Ethik	Kunst
8.45 - 9.30	Mathe	Deutsch	Geschichte	Ethik	Kunst
9.45 - 10.30	Geschichte	Französisch	Mathe	Sozialkunde	Englisch
10.30 - 11.15	Sport	Französisch	Mathe	Geografie	Englisch
11.35 - 12.20	Englisch	Informatik	Deutsch	Englisch	Musik
12.20 - 13.05	Englisch	Informatik	Deutsch	Französisch	Musik
13.05 - 14.00	P A U S E				
14.00 - 14.45	Bio	Sport		Chor	
14.45 - 15.30	Bio	Sport		Chor	

Donnerstag ✦ Geografie ✦ Musik ✦ Stunden ✦ Freitag ✦ 13:05 Uhr ✦ Chor ✦ Dienstag ✦ ~~9:30 Uhr~~ ✦ Sozialkunde

1. Jannik hat um 9:30 Uhr ________ und um ________ Pause.
2. Jannik hat fünf ________ Englisch.
3. Jannik hat am ________ und am ________ Französisch.
4. Jannik singt im ________.
5. Am Mittwoch und am ________ hat Jannik um 13:05 frei.
6. Diese Fächer hat Jannik nur eine Stunde: ________ und ________.
7. Am Freitag um 11:35 hat Jannik ________.

b Und dein Stundenplan? Ergänze die Sätze.

Am Montag habe ich ________, ________ und ________.

Wir haben immer um ________ Uhr Pause.

Ich habe ________ Stunden Deutsch.

Am Nachmittag habe ich ________.

Am Freitag habe ich um ________ Uhr frei.

________ ist mein Lieblingsfach.

10 Sophia spricht mit Dana und Jana. Ergänze *haben* in der richtigen Form.

▶KB11

● Ich habe (1) am Montag Sport. Und wann ______ (2) ihr Sport, Dana und Jana?

○ Wir ______ (3) am Dienstag Sport. Was ______ (4) du am Mittwoch, Sophia?

● Am Mittwoch ______ (5) ich Chor! Und was ______ (6) du am Donnerstag, Dana?

○ Ich treffe am Donnerstag Marek. Da ______ (7) er Zeit. ______ (8) du am Freitag Zeit, Sophia?

● Nein, da ______ (9) ich keine Zeit. ______ (10) ihr am Sonntag Zeit? Gehen wir ins Kino?

○ Am Sonntag ______ (11) wir keine Zeit, da ______ (12) Marek und Paul ein Volleyball-turnier und wir treffen sie da.

11 *Das ist kein(e) …, das sind keine …* – Schreib die Sätze wie im Beispiel.

▶KB12

1. Ausweis – Fahrkarte — Das ist kein Ausweis, das ist eine Fahrkarte.
2. Uhr – Handy ______
3. Füller – Kugelschreiber ______
4. Saft – Cola ______
5. Äpfel – Kartoffeln ______
6. Rucksack – Schultasche ______

12 Was passt? Markiere.

▶KB12

1. ● Gibt es hier die / eine Party? — ○ Nein, hier gibt es die / keine Party.
2. ● Ist das keine / die Direktorin? — ○ Nein, das ist eine / die Lehrerin. Sie ist keine / die Sportlehrerin von Dana.
3. ● Ist Herr Wu ein / der Deutschlehrer? — ○ Nein, er ist kein / ein Deutschlehrer, er unterrichtet Mathe.
4. ● Wo ist hier keine / die Cafeteria? — ○ Wir haben die / keine Cafeteria.
5. ● Ist das das / ein Klassenzimmer? — ○ Ja, das ist das / kein Klassenzimmer von Dana und Jana.
6. ● Habt ihr auch die / eine Bibliothek? — ○ Ja, wir haben keine / eine Bibliothek.

4 24 Stunden sind (m)ein Tag!

1 a Markiere 14 Nomen.

▶KB1

	A	B	C	D	E	F	G	H	I	J
1	B	A	N	A	N	E	W	O	R	T
2	K	F	S	C	H	U	L	E	U	E
3	U	A	T	H	P	V	E	R	B	L
4	L	K	I	N	O	Z	F	I	F	S
5	A	N	L	N	P	I	U	S	I	A
6	C	O	L	A	C	N	ß	P	L	L
7	T	N	E	B	O	O	B	O	M	A
8	S	U	P	E	R	M	A	R	K	T
9	O	W	A	G	N	E	L	T	U	R
10	C	L	U	B	J	N	L	I	D	A

b Zu welchem Bild passen die Wörter aus 1a? Ordne zu. Ergänze die Artikel.

1

2

3

4

2 Was macht Kim? Schreib die Wörter.

▶KB2

frühstücken ✦ an Marie schreiben ✦ duschen ✦ schlafen ✦ Bus fahren ✦ Marie treffen

1

2

3

4

5

6

3 a **Verbpuzzle – Was passt zusammen? Verbinde.**

▶KB3

1. lesen: ihr
2. fahren: du
3. schlafen: wir
4. nehmen: er
5. essen: du
6. treffen: ich
7. lesen: er
8. fahren: sie (Pl.)

A nimmt
B treffe
C lest
D isst
E liest
F fährst
G fahren
H schlafen

b **Lies die Sätze. Markiere die Verben.**

1. Wir treffen Frau Müller.
2. Henri nimmt die Linie 3.
3. Was liest du gern?
4. Wann fährt sie zur Schule?
5. Ich fahre mit dem Bus.
6. Ihr nehmt die Linie 15.
7. Triffst du heute Marie?
8. Sie lesen ein Buch.

c **Ordne die Verben aus 3b in die Tabelle und ergänze die fehlenden Formen.**

ich	lese	treffe	fahre	nehme
du				
er/es/sie				
wir		treffen		
ihr				
sie/Sie				

d **Welches Verb ist richtig? Kreuze an.**

1. Filiz ☐ esst ☒ isst ein Brötchen.
2. ☐ Trifft ☐ Triffst du Marie in der Schule?
3. ☐ Nehmt ☐ Nimmst du die Linie 15?
4. Nils und Lene ☐ lest ☐ lesen keine Bücher.
5. ☐ Fährt ☐ Fahrt ihr mit dem Auto zur Schule?
6. Ich ☐ schlafe ☐ schläft bis 8 Uhr.
7. Ihr ☐ hat ☐ habt heute kein Mathe.
8. Wir ☐ ist ☐ sind 13 Jahre alt.

e **Ergänze das Verb in der richtigen Form.**

nehmen ✦ lesen ✦ essen ✦ schlafen ✦ treffen

1. Ich schlafe am Morgen gern lange. Mia ______ nicht gern lange.
2. Vincent ______ gern Comics. Und du, ______ du gern Comics?
3. Wir ______ gern Hamburger. ______ ihr auch gern Hamburger?
4. Felix ______ die Linie 8. Bjarne und Lenny ______ die Linie 2.
5. Sina ______ Luisa in der Mensa. Wen ______ du in der Mensa?

4 a Wie heißen die Tageszeiten? Notiere.

▶KB4

am Nachmittag ✦ am Morgen ✦ am Abend ✦ in der Nacht ✦ am Mittag ✦ am Vormittag

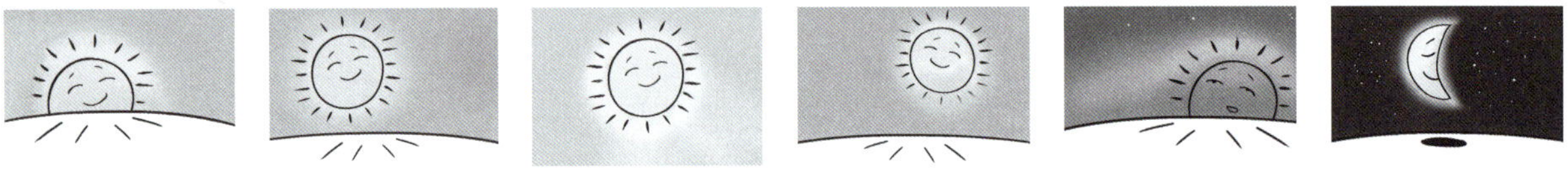

1. ____________ ____________
2. ____________ ____________
3. ____________ ____________
4. ____________ ____________
5. ____________ ____________
6. ____________ ____________

5 a Was passt zusammen? Notiere.

▶KB7

1  C

2  ___

3  ___

4  ___

5  ___

A Es ist Viertel vor zwei.
B Es ist fünf vor zwölf Uhr.
C Es ist halb zehn.
D Es ist zwanzig nach neun.
E Es ist Viertel nach sechs.

b Welche Uhrzeit ist richtig? Kreuze an.

1. 08:30 ☐ halb acht ☐ halb neun
2. 22:15 ☐ Viertel nach zehn ☐ Viertel vor zehn
3. 16:50 ☐ fünf vor fünf ☐ zehn vor fünf
4. 13:20 ☐ zwanzig nach drei ☐ zwanzig nach eins
5. 05:40 ☐ zwanzig vor sechs ☐ vier nach fünf

c Schreib die Uhrzeiten inoffiziell.

1  Es ist ____________ ____________

2  ____________ ____________

3  ____________ ____________

4  ____________ ____________

5  ____________ ____________

6  ____________ ____________

d Offiziell und inoffiziell – Ergänze die fehlende Uhrzeit.

	offiziell	inoffiziell
1. 13:30	Es ist dreizehn Uhr dreißig.	Es ist halb
2. 18:40		Es ist zwanzig vor sieben.
3. 09:05	Es ist neun Uhr fünf.	
4. 15:45		Es ist Viertel vor vier.
5. 22:10		Es ist zehn nach zehn.

6 a Wann macht Smilla das? Ergänze.

▶KB8

1  Smilla duscht um ______________________.

2  Smilla frühstückt um ______________________.

3  Smilla hat am _______________ eine Stunde Pause.

4  Smilla geht am _______________ zum Basketballtraining.

5 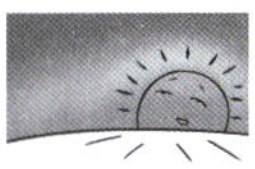 Smilla sieht am _______________ einen Film.

6  Smilla schläft um ______________________.

b Schreib die Sätze aus 6a noch einmal. Beginne mit der Zeitangabe.

1. Um halb sieben duscht Smilla.
2. ______________________
3. ______________________
4. ______________________
5. ______________________
6. ______________________

7 a Ergänze *um*, *am*, *bis* oder *von ... bis*.

▶KB8

1. ● Wann hast du Sport? ○ Ich habe _____ Montag und _____ Mittwoch Sport.
2. ● Wann triffst du Freunde? ○ Ich treffe _____ Nachmittag Freunde.
3. ● Wann hast du am Montag Schule? ○ Ich habe _____ 8 Uhr _____ 15 Uhr Schule.
4. ● Hast du Mittwoch _____ 11 Uhr Zeit? ○ Nein, ich habe _____ 13 Uhr Schule.
5. ● Wann machst du Hausaufgaben? ○ Ich mache _____ 18 Uhr _____ 19 Uhr Hausaufgaben.
6. ● Wann schläfst du? ○ Ich schlafe _____ 21 Uhr.

b Und du? Schreib eigene Antworten zu den Fragen aus 7a.

1. Ich habe am ... Sport.
2. Ich treffe ...
3. ______________________
4. ______________________
5. ______________________
6. ______________________

8 a Wandas Woche. Lies den Text und die Sätze. Richtig oder falsch? Kreuze an.

▶KB9

Wanda steht von Montag bis Freitag um halb sieben auf. Am Wochenende schläft sie bis neun Uhr. Sie frühstückt nicht viel. Sie trinkt Tee und isst eine Banane. Dann holt sie Lilli ab und sie gehen zusammen zur Schule. Nach der Schule kauft Wanda im Supermarkt ein. Sie kauft Schokolade und Brötchen. Am Mittwoch geht sie ins Schwimmbad. Lilli kommt auch mit. Am Donnerstag hat Wanda Klavierunterricht und am Freitag spielt sie Volleyball. Wanda macht immer am Abend die Hausaufgaben und dann sieht sie eine Stunde fern. Am Sonntag ruft sie immer Oma Heidi an.

	richtig	falsch
1. Wanda schläft immer bis neun Uhr.	☐	☐
2. Wanda frühstückt ein Brötchen.	☐	☐
3. Wanda geht mit Lilli zur Schule.	☐	☐
4. Wanda kauft im Supermarkt Tee und Bananen.	☐	☐
5. Lilli und Wanda gehen am Mittwoch zusammen schwimmen.	☐	☐
6. Wanda spielt Klavier und sie spielt Volleyball.	☐	☐
7. Wanda sieht am Sonntag mit Oma Heidi fern.	☐	☐

b Markiere im Text in 8a alle Verben.

c Welche Verben sind trennbar? Markiere.

auf|stehen · schlafen · frühstücken · essen · abholen · machen · einkaufen · trinken · haben · fernsehen · gehen · kaufen · mitkommen · spielen · anrufen

d Schreib die Formen.

1. ich – aufstehen ich stehe auf
2. Wanda – schlafen ____________
3. du – frühstücken ____________
4. Piet – einkaufen ____________
5. Lilli – mitkommen ____________
6. du – haben ____________
7. Ellen – fernsehen ____________
8. ihr – anrufen ____________

e Schreib die Sätze in die Tabelle.

1. Wir – aufstehen – am Wochenende – um 10 Uhr
2. Ich – abholen – heute Nachmittag – Elisa und Toni
3. Felix – anrufen – heute Abend – Manuel
4. Die Freunde – fernsehen – am Samstag – zusammen

Position 1	Verb Position 2		Ende
Wir	stehen	am Wochenende um 10 Uhr	auf.

9 a Was machen die Jugendlichen? Ordne zu.

▶KB10

ins Konzert gehen ✦ spazieren gehen ✦ schwimmen gehen ✦ shoppen gehen ✦ ins Stadion gehen ✦ ins Café gehen ✦ ~~ins Einkaufszentrum gehen~~ ✦ ins Kino gehen

1. ins Einkaufszentrum gehen
2. ______________________
3. ______________________
4. ______________________

5. ______________________
6. ______________________
7. ______________________
8. ______________________

b Verabredungen – Ordne zu.

Ja, gerne. ✦ Das passt. ✦ Tut mir leid. ✦ Ja, super! ✦ Ich habe keine Zeit. ✦ Das geht nicht. ✦ In Ordnung. ✦ Ja, ich habe Zeit.

☺	☹

c Ordne die Dialoge.

A

- ☐ ● Um 16 Uhr. Ist das okay?
- 1 ● Hallo Jonas, hier ist Merit.
- ☐ ● Gehen wir zusammen ins Stadion?
- ☐ ● Hast du am Samstag Zeit?
- ☐ ○ Um wie viel Uhr?
- ☐ ○ Ja, das passt.
- ☐ ○ Hallo Merit.
- ☐ ○ Ja, ich habe Zeit.

B

- ☐ ● Morgen.
- ☐ ● In Ordnung.
- ☐ ● Hallo Ida, hier ist Piet.
- ☐ ● Gehen wir zusammen ins Café?
- ☐ ● Um 14 Uhr.
- ☐ ○ Wann denn?
- ☐ ○ Tut mir leid, das geht nicht. Vielleicht um 16 Uhr?
- ☐ ○ Hallo Piet.
- ☐ ○ Und um wie viel Uhr?

d Schreib einen Chat-Dialog. Variiere die grauen Teile in 9c. Wähle Variante A oder B. Schreib ins Heft.

A

B

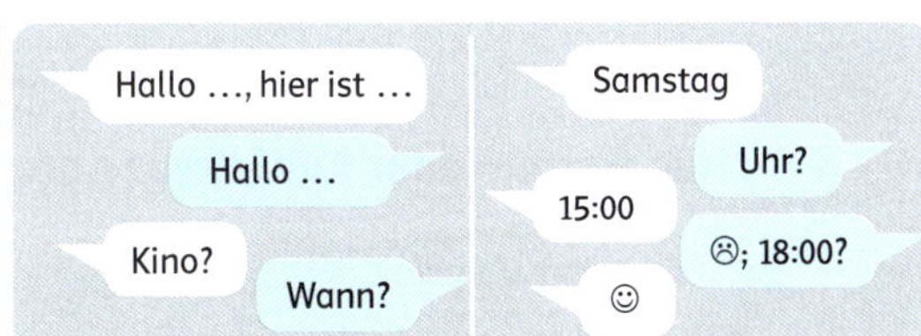

5 Guten Appetit!

1 a Ergänze die Lebensmittel. Wie heißt das Lösungswort?

▶KB1

1.			F	I	S	C	H			
2.				☐	☐	☐	☐	☐	☐	
3.				☐	☐	☐	☐	☐		
4.				☐	☐	☐	☐			
5.				☐	☐	☐	☐			
6.		☐	☐	☐	☐	☐	☐	☐	☐	☐
7.		☐	☐	☐	☐	☐	☐			
8.			☐	☐	☐	☐	☐			
9.					☐	☐	☐	☐		
10.	☐	☐	☐	☐	☐					

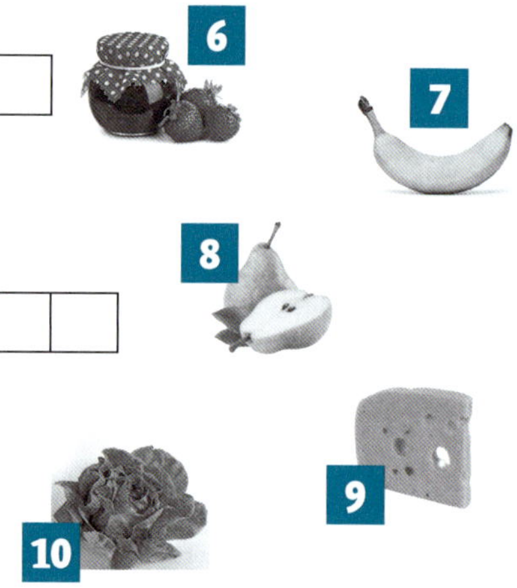

Lösungswort: _ _ _ _ _ _ _ _ _ _

b Was ist das? Schreib die Lebensmittel mit Artikel und Plural.

Birne ✦ Brötchen ✦ Kuchen ✦ Ei ✦ Nudel ✦ Brot ✦ ~~Apfel~~ ✦ Banane

1. der Apfel, die Äpfel
2. ______________
3. ______________
4. ______________

5. ______________
6. ______________
7. ______________
8. ______________

c Woher kommen die Tüten? Markiere die Geschäfte und notiere sie mit Artikel.

Apotheke ✦ Supermarkt ✦ Metzgerei ✦ Bäckerei

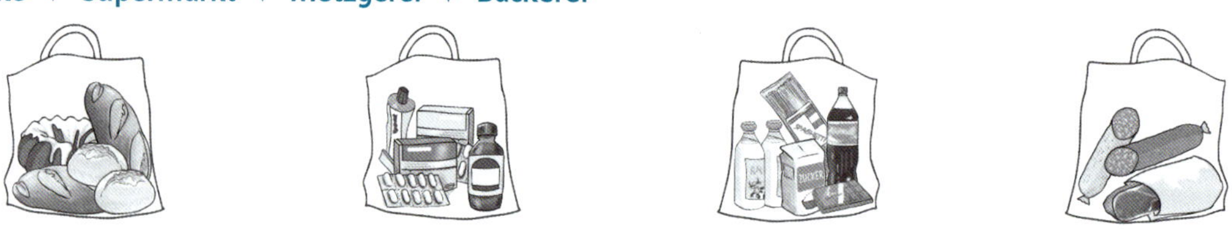

1. ______________
2. ______________
3. ______________
4. ______________

d Liter, Gramm oder Kilo? Kreuze an.

1. 2 ☐ Liter ☐ Gramm ☐ Kilo Äpfel
2. 300 ☐ Liter ☐ Gramm ☐ Kilo Schinken
3. 3 ☐ Liter ☐ Gramm ☐ Kilo Mineralwasser
4. 200 ☐ Liter ☐ Gramm ☐ Kilo Käse

5

2 Was passt zusammen? Verbinde.

▶KB2

1. Gehst du
2. Ich kaufe die Milch
3. Ihr backt
4. Wer bringt
5. Habt ihr
6. Wann machen wir

A eine Idee?
B die Hausaufgaben?
C in den Supermarkt?
D heute Abend Apfelkuchen.
E die Eier und den Zucker mit?
F und die Brötchen.

3 a Ergänze die Verben in der richtigen Form.

▶KB3

machen ✦ mitbringen ✦ backen ✦ kaufen

1. Anna ______________ die Milch.
2. Paula ______________ das Mehl ________.
3. Um 15 Uhr ______________ sie die Hausaufgaben.
4. Um 16 Uhr ______________ sie den Kuchen.

b Markiere die Artikel in den Sätzen in 3a und schreib sie in die Tabelle.

der Kuchen	Sie backen ________ Kuchen.	**die** Milch	Anna kauft ________ Milch.
das Mehl	Paula bringt ________ Mehl mit.	**die** Hausaufgaben (Pl.)	Sie machen ________ Hausaufgaben.

c Wer kauft was? Schreib Sätze.

1. die  der 
3. das  die 
5. der  das 

1. Ich Kaufe die Milch und den Apfel.
2. Du Kaufst ...
3. Er ______________________________
4. Wir ______________________________
5. Ihr ______________________________
6. Sie ______________________________

2. der  das 
4. der  die 
6. der  die 

4 a Ergänze *den, das, die*.

▶KB3

1. Felix spielt ________ Computerspiel Minecraft gern.
2. Alessa liest ________ Bücher von Anna Woltz.
3. Tim isst ________ Pizza und ________ Salat.
4. Ich kaufe ______ Orangensaft und Lene kauft ______ Cola.

b Lies die Dialoge und ergänze die bestimmten Artikel. Nominativ oder Akkusativ?

1. ● Siehst du ________ Lehrer? ○ Nein, wo ist ________ Lehrer?
2. ● Wo ist ________ Deutschbuch? ○ Findest du ________ Deutschbuch nicht?
3. ● Bringst du ________ Eis mit? ○ Ja, und ich bringe auch ________ Saft mit.
4. ● Wo ist ________ Bleistift? ○ Ich habe ________ Bleistift. Hier.

5

a Was kostet das? Ordne zu.

▶KB4

1. Das kostet achtzig Cent. F
2. Das kostet eins fünfzig. ___
3. Das kostet fünfzig Cent. ___
4. Das kostet eins achtzig. ___
5. Das kostet zwei zwanzig. ___
6. Das kostet neunzig Cent. ___

A	Brötchen mit Käse	1,80 €
B	Stück Pizza	2,20 €
C	Stück Kuchen	1,50 €
D	Wasser	0,50 €
E	Cola	0,90 €
F	Apfelsaft	0,80 €

b Das kostet … – Schreib die Preise wie im Beispiel.

1. Der Salat kostet zwei neunzig. — Salat: 2,90 €
2. Der Hamburger kostet zwei fünfzig. — Hamburger: ___
3. Der Orangensaft kostet neunzig Cent. — Orangensaft: ___
4. Das Eis kostet eins zehn. — Eis: ___
5. Das Brötchen mit Salami kostet eins siebzig. — Brötchen mit Salami: ___

c Zwei Dialoge. Welche Sätze gehören zu Dialog 1 (Kuchen), welche zu Dialog 2 (Pizza)? Notiere.

Was kostet ein Stück Kuchen? 1 ✦ Wie viel kostet eine Pizza mit Schinken? ___ ✦ Oh, das ist teuer. ___ ✦ Die kostet zehn fünfzig. ___ ✦ Das ist billig. ___ ✦ Ein Stück Kuchen kostet einen Euro. ___

d Schreib die Dialoge aus 5c.

Dialog 1

● Was … ?
○ ___
● ___

Dialog 2

● ___
○ ___
● ___

6

a Lies die Sätze und markiere die Artikel. Schreib die Artikel in die Tabelle.

▶KB5

1. ● Piet, nimmst du einen Donut? ○ Nein, ich nehme einen Salat.
2. ● Ich esse ein Brötchen. Und du? ○ Hm, ich nehme ein Stück Kuchen.
3. ● Kaufst du eine Banane oder einen Apfel? ○ Heute kaufe ich eine Banane.
4. ● Ich kaufe Birnen und eine Cola. Und du? ○ Bananen und einen Apfelsaft.

b Schreib die Artikel in die Tabelle.

	Ich kaufe / esse / nehme / …		
der Donut	den Donut	einen	Donut
das Brötchen	das Brötchen		Brötchen
die Banane	die Banane		Banane
die Birnen (Pl.)	die Birnen	---	Birnen

c Welcher Artikel passt? Ergänze.

einen ✦ ein ✦ eine ✦ –

1. Lukas nimmt ________ Pizza.
2. Henri isst ________ Hamburger.
3. Marie trinkt ________ Wasser.
4. Kim kauft ________ Nudeln.

d Was essen und trinken Clara und Sinan? Sieh die Bilder an und ergänze die Sätze.

Clara	Sinan

Clara trinkt einen ______ ________. Sie isst ______ ________ und ______ ________ mit ________. Dann isst sie noch ______ ______.	Sinan trinkt ______ ________. Er isst ______ ________ und ________. Dann isst er noch ______ ________.

e Ergänze die unbestimmten Artikel im Nominativ oder Akkusativ.

1. ● Ist das ein ______ Donut? – ○ Ja. – ● Okay, dann nehme ich ______ Donut.
2. ● Wie viel kostet ______ Hamburger? – ○ Zwei fünfzig.
3. ● Marie trinkt jeden Tag ______ Orangensaft. – ○ Und ich trinke jeden Tag ______ Cola.
4. ● ______ Brötchen mit Salami kostet 1,50 €. – ○ Gut. Dann nehme ich ______ Brötchen.

7 a Am Schulkiosk – Was passt zusammen? Verbinde.

▶KB6

1. Was darf's sein?
2. Mit Schokolade?
3. Ist das alles?
4. Das macht 1,70 €.

A Ja, bitte.
B Nein, ich nehme noch ein Brötchen.
C 1,70 €. Danke schön. Tschüs.
D Einen Donut bitte.

b Ergänze den Dialog.

● Hal _ _, w_ _ möchtest _ _?
○ Hal _ _, ich hä _ _ _ gern einen Ap _ _ _ sa _ _.
● Bitte sch _ _. Noch et _ _ _?
○ Nein, d _ _ ist al _ _ _.
● Das ko _ _ _ _ 0,60 €.
○ Bit _ _. Ts _ _ _ _.

8 Ergänze *möchten* in der richtigen Form.

▶KB6

1. ● Hallo, was _______________ ihr? – ○ Wir _______________ ein Brötchen und eine Pizza.
2. ● Wir _______________ zwei Cola. – ○ Bitte schön.
3. ● _______________ Finja auch einen Salat? – ○ Nein, sie _______________ eine Pizza.
4. ● Was _______________ du, Alina? – ○ Ich _______________ einen Orangensaft.
5. ● Luise und Elias _______________ einen Hamburger und eine Pizza.

9 a Lies den Text und ergänze die Wörter.

▶KB8

Abendessen ✦ Brot ✦ esse ✦ ~~Frühstück~~ ✦ Gemüse ✦ gesund ✦ Kartoffeln ✦ Manchmal ✦ Nachmittag ✦ Obst ✦ Salami ✦ trinke

Zum Frühstück (1) esse ich ein _______________ (2) mit Marmelade und ich _______________ (3) einen Kakao. In der Schule _______________ (4) ich ein Sandwich oder ein Brötchen mit _______________ (5) in der Cafeteria. Am _______________ (6) esse ich gerne _______________ (7), zum Beispiel eine Banane oder einen Apfel. _______________ (8) kaufe ich auch ein Eis, aber nicht oft, Eis ist teuer. Zum _______________ (9) essen wir oft Fleisch oder Fisch mit _______________ (10) oder Reis und viel _______________ (11). Das ist _______________ (12).

b *Und, oder, aber*? Welches Wort passt? Kreuze an.

1. Ich frühstücke nicht, ☐ aber ☐ oder ich trinke einen Tee.
2. In der Schule esse ich ein Brötchen ☐ aber ☐ und trinke einen Kakao.
3. Mittags esse ich einen Salat und eine Suppe ☐ oder ☐ und eine Pizza.
4. Ich esse abends gern Reis mit Fleisch, ☐ aber ☐ und Fisch mag ich nicht gern.
5. Am Wochenende kochen meine Eltern und ich zusammen ☐ und ☐ oder wir essen auch zusammen.

c Verbinde die Sätze mit *und, oder, aber*.

1. Zum Frühstück esse ich ein Müsli. Ich esse ein Brot mit Marmelade.

____

2. Mittags kaufe ich in der Schule ein Sandwich. Ich trinke Wasser.

____

3. Ich esse nicht gern Gemüse. Ich esse viel Obst.

____

d Markiere die Wörter in der Schlange und ordne sie.

MEISTENSIMMERNIEOFTMANCHMAL

0% — 100%

_______________ _______________ _______________ meistens _______________

10 Lies den Chat. Richtig oder falsch? Kreuze an.

▶KB9

CLARA
Kochen wir Samstag zusammen?
LG Clara

MIA
Gerne!

PAULA
Cool! Backen wir auch einen Kuchen?

CLARA
Klar! Kommt ihr um 16 Uhr?
Mögt ihr Fleisch?

PAULA
Ich komme um halb fünf. Ich habe bis 16 Uhr Training. Ich mag kein Fleisch, aber Fisch. Ich bringe Fisch mit, ok?

MIA
Ich komme um vier. Ich mag auch Fisch und ich bringe Cola mit.

CLARA
Super! Fisch ist auch lecker! Ich habe Kartoffeln, Gemüse, Mehl, aber keine Eier und keinen Zucker.

PAULA
Ich kaufe Zucker und Eier. Kein Problem.

	richtig	falsch
1. Clara möchte morgen mit Mia und Paula kochen.	☐	☐
2. Paula hat am Samstagvormittag Sport.	☐	☐
3. Paula kommt um 16:30 Uhr.	☐	☐
4. Mia kauft den Fisch.	☐	☐
5. Alle mögen Fisch.	☐	☐
6. Paula bringt Eier mit.	☐	☐

11 a Was mögen, essen oder trinken die Personen? Was nicht? Ergänze die Artikel *ein, eine, einen, kein, keine, keinen.*

▶KB9

 	 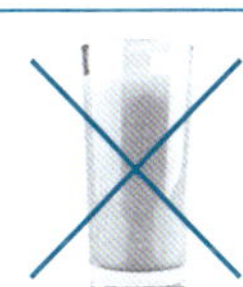	 
1. Magnus isst gern ________ Hotdog, aber er mag ________ Fisch.	2. Jana trinkt gern zum Frühstück ________ Tee, aber sie trinkt ________ Orangensaft.	3. Hedda isst gern ________ Pizza, aber sie mag ________ Gemüse.

b Was magst du (nicht) gern? Was isst/trinkst du (nicht) gern? Schreib.

Ich mag ______________________, aber ich mag kein ______________________.

Zum Frühstück esse ich ______________________ oder ______________________.

Ich trinke oft ______________________, aber ich trinke nie ______________________.

In der Schule ______________________ und ich trinke ______________________.

6 Meine Familie

1 Lies und ergänze die Texte.

▶KB1

1. Das ist Marius Schmidt. Er i _ _ der Vat _ _ von Luzie u _ _ Daniel. E _ ist 42 Ja _ _ _ alt und er i _ _ Techniker von Ber _ _. Sein Hob _ _ ist sein Au _ _.

2. In der Mitte se _ _ ihr Daniel, den Bru _ _ _ von Luzie. Er ist sch _ _ 14. Und d _ ist auch sein Fre _ _ _ Jonas. Ihr Hobby ist Fußb _ _ _. Rechts steht Luzie, die Schwes _ _ _ von Daniel. Sie ist zwö _ _ und sie find _ _ Fußball bl _ _. Aber sie lie _ _ ihre Kat _ _ Kleopatra.

2 a Ergänze den Stammbaum.

▶KB2

die Großeltern
die Großmutter (die Oma) – der ________________ (1) (der Opa)

die Eltern
die ____________ (2) – der ____________ (3)

die Verwandten
die ____________ (4) – der Onkel

die Kinder
die ____________ (5) – der Sohn

die Kinder
die ____________ (6) – der Cousin

b Und deine Familie? Schreib vier Sätze.

Mein ✦ Meine	Mutter ✦ Vater ✦ Bruder ✦ Schwester ✦ Geschwister ✦ Onkel ✦ Tante ✦ Cousin ✦ Cousine	heißt … ✦ ist … von Beruf. ✦ ist … Jahre alt. ✦ wohnt/wohnen in …

1. Meine Cousine wohnt in … .
2. ______________________________
3. ______________________________
4. ______________________________

3 ▶KB3

a Die Klasse macht Ordnung. Lies die Dialoge und kreuze die richtigen Possessivartikel an.

1. ● Felix, ist das ☒ dein ☐ sein Lineal?
   ○ Nein, das ist nicht ☐ sein ☐ mein Lineal.
   Frag mal Clara. Ich glaube, das ist ☐ ihr ☐ sein Lineal.
2. ● Ist die Tasche von Max?
   ○ Nein, das ist nicht ☐ ihre ☐ seine Tasche.
   ● Dann ist sie von Maria, oder?
   ○ Ja, ich glaube, das ist ☐ seine ☐ ihre Tasche.
3. ● Tilo und Alex, sind das ☐ deine ☐ eure Hefte?
   ○ Ja, danke, das sind ☐ ihre ☐ unsere Hefte.
   ● Und wo sind Lina und Tobias?
   ○ Die haben heute ☐ sein ☐ ihr Sportturnier.
   ● Sind das ☐ seine ☐ ihre Bücher?
   ○ Nein, das sind ☐ meine ☐ unsere Bücher.

b Ergänze die passenden Possessivartikel im Nominativ.

~~dein~~ ✦ Ihre ✦ eure ✦ deine ✦ unsere ✦ euer ✦ meine ✦ sein ✦ meine ✦ unsere ✦ meine ✦ ihre ✦ mein ✦ unser ✦ ihr ✦ ihr

1. ● Hallo! Ist das _dein_________ Hund?
   ○ Nein, das ist nicht ____________ Hund.
   Mein Papa liebt Hunde, das ist ____________ Hund.
2. ● Herr Jurek, ist das ____________ Katze?
   ○ Nein, das ist nicht ____________ Katze.
   Meine Mutter mag Katzen, das ist ____________ Katze.
3. ● Hallo Sandra und Carlo, ist das ____________ Haus?
   ○ Nein, das ist nicht ____________ Haus.
   Hier wohnen ____________ Großeltern, es ist ____________ Haus.
4. ● Ist das ____________ Freundin?
   ○ Nein, das ist nicht ____________ Freundin, das ist ____________ Schwester!
   ● Und sind das ____________ Nachbarn?
   ○ Ja, das sind ____________ Nachbarn. Sie sind sehr nett! Und da kommt ____________ Hund!
   Er heißt Wuff.

4 Lies den Text und kreuze an: richtig oder falsch?

▶KB4

Hallo, ich bin Luisa und das sind meine Oma Petra und mein Opa Markus. Sie sind die Eltern von Mama. Meine Großeltern haben ein großes Haus und einen kleinen Garten. Der Garten ist perfekt für ihre Katze Minnie. Ich besuche sie oft am Wochenende und dann spiele ich mit Minnie – ich liebe das! Mein Bruder und ich, wir wollen auch eine Katze, aber Papa sagt immer nein. Er möchte einen Hund, aber das will Mama nicht.

	richtig	falsch
1. Petra und Markus sind die Großeltern von Luisas Mama.	☐	☐
2. Ihr Garten ist nicht groß.	☐	☐
3. Luisa findet die Katze Minnie toll.	☐	☐
4. Luisa und ihr Bruder möchten gerne einen Hund.	☐	☐

5 a Die Schmidts – Lies die Texte und ergänze die Endungen. Achtung: Du brauchst nicht immer eine Endung!

▶KB5

1. Hier seht ihr unser___ Onkel Simon und sein___ Sohn Felix, unser___ Cousin. Felix liebt sein___ Papa sehr und wir mögen unser___ Onkel und unser___ Cousin auch sehr gern!

2. Auf dem Foto seht ihr unser___ Großeltern und ihr___ Hund Otto. Ihr___ großer Garten ist perfekt für ihr___ Hund. Wir finden ihr___ Haus und ihr___ Bilder ganz toll!

b Ergänze die Possessivartikel im Nominativ und im Akkusativ

1. ● Entschuldigung, ich suche m__________ Tochter!
   ○ Ah, hallo, Herr Lopez! I__________ Tochter kommt sofort! Sie schreibt nur noch schnell i__________ Hausaufgabe auf.
2. ● Hallo, ich suche m__________ Freund Anton!
   ○ Er ist nicht da, aber hier ist s__________ Handy. Ich glaube, er kommt gleich!
3. ● Auf dem Foto ist m__________ Bruder und s__________ Band. Hier seht ihr s__________ Freund Jason und s__________ Gitarre. I__________ Konzert ist am Samstag – kommt ihr mit? Ich bin da, und m__________ Freundin Jasmin auch.

6 a Meine Haustiere – Was passst zusammen? Verbinde.

▶ KB6

1. Hallo, ich heiße Silas und ich	A seinen Stall im Garten.
2. Ich habe	B spielt am liebsten Ball.
3. Mein Pferd Rasputin hat	C liebe meine Haustiere.
4. Rasputin isst	D schon sieben Jahre alt.
5. Mein Hund Tara	E spielen nicht gern zusammen.
6. Tara ist	F drei Tiere.
7. Und dann habe ich noch	G am liebsten Äpfel.
8. Maunz und Tara	H auch sehr gern.
9. Meine Geschwister mögen meine Tiere	I eine Katze, Maunz.

b Schreib wie im Beispiel.

1. Morle + ihr Futter → *Morles Futter*
2. Bernie + seine Hundeleine → ______
3. Millie + seine Karotte → ______
4. Lollo + sein Lieblingsspielzeug → ______

c Im Supermarkt – Was kaufst du ein? Schreib fünf Sätze.

Für meine Oma/Mama/ Schwester/Katze ✦ Für meinen Opa/ Bruder/Hund ✦ ...	kaufe ich	Spaghetti ✦ Eis ✦ Cola ✦ Obst ✦ Fleisch ✦ Wurst ✦ Schokolade ✦ Schinken ✦ Fisch ✦ ...

Für meine Oma kaufe ich Schokolade.

1. ______
2. ______
3. ______
4. ______
5. ______

d Was brauchst du? Schreib Sätze wie im Beispiel.

1. Sportturnier – eine Hose *Für mein Sportturnier brauche ich eine Hose.*
2. Abendessen – Brot und Käse ______
3. Party – Musik ______
4. Hund – ein Ball ______
5. Fisch – Futter ______
6. ... – ... ______

7 a Suche acht Berufe in der Wortschlange und schreib sie auf. Ergänze immer die männliche oder die weibliche Form.

▶KB7

EURINSCHAUSPIELERINKANINGENIEURCHAR
KÜNSTLERINZIMSEKRETÄRMECHTECHNIKERIN
MELKAUFMANNARCHITEKTINSEKARZT

1. die Schauspielerin, der Schauspieler
2. ______________________
3. ______________________
4. ______________________
5. ______________________
6. ______________________
7. ______________________
8. ______________________

b Welche Berufe aus a passen zu den Wörtern? Ergänze.

1. planen, bauen, der Computer:	die Architektin / der Architekt
2. das Bild, malen, die Farbe:	______________________
3. der Film, der Text, lernen:	______________________
4. die Firma, die Chefin, das Büro:	______________________
5. die Klinik, der Termin, telefonieren:	______________________

8 Ergänze die Imperativ-Formen.

▶KB10

du-Form	ihr-Form	Sie-Form
1. Sei ruhig!	Seid ruhig!	______________
2. ______________	______________	Haben Sie Spaß!
3. Hör auf!	______________	______________
4. ______________	Sprecht langsam!	______________
5. ______________	______________	Lernen Sie die Wörter!
6. ______________	Lest den Text vor!	______________
7. ______________	______________	Geben Sie das her!
8. ______________	______________	Rufen Sie später an!
9. Sieh jetzt nicht fern!	______________	______________

9 a Ergänze *nicht* oder *kein/keine*.

▶KB11

1. ● Ich finde mein Deutschheft _nicht_______.
   ○ Wir haben heute _kein_______ Deutsch!
2. ● Wie heißt das auf Deutsch? Weißt du das ____________?
   ○ Nein, ich habe ____________ Ahnung!
3. ● Geht ihr heute ____________ ins Konzert?
   ○ Heute gibt es ____________ Konzert, wir gehen ins Kino!
4. ● Kommst du ____________ mit?
   ○ Nein, ich habe ____________ Lust.

b Ergänze *nein* oder *doch*.

1. ● Wohnt deine Tante nicht in Frankreich?
   ○ _Nein_______, sie wohnt in Norwegen.
2. ● Besuchst du am Wochenende nicht deinen Opa?
   ○ ____________, ich besuche ihn am Sonntag.
3. ● Hast du keine Geschwister?
   ○ ____________, ich habe eine Schwester und zwei Brüder.
4. ● Heißt deine Katze nicht Lilly?
   ○ ____________, sie heißt Lissi.
5. ● Hast du keinen Hund?
   ○ ____________, leider nicht. Ich möchte einen Hund, aber Mama sagt immer nein.
6. ● Kommst du nicht mit ins Stadion?
   ○ ____________, ich komme gern mit!
7. ● Spielst du nicht gern Volleyball?
   ○ ____________, Volleyball mag ich nicht, aber Fußball finde ich super.

c Antworte frei.

1. Liest du keine Bücher?
   Nein, ich lese keine Bücher, aber ich sehe gern Serien.
2. Hast du am Wochenende keine Zeit?
   ____
3. Fährst du nicht gern Fahrrad?
   ____
4. Hast du kein Haustier?
   ____

7 Hast du etwas Zeit für mich?

1 **a Wie heißen die Aktivitäten? Ordne zu und schreib.**

▶KB1

reiten ✦ Bilder malen ✦ Schlagzeug spielen ✦ Nachrichten schreiben ✦ tanzen ✦ Hiphop trainieren

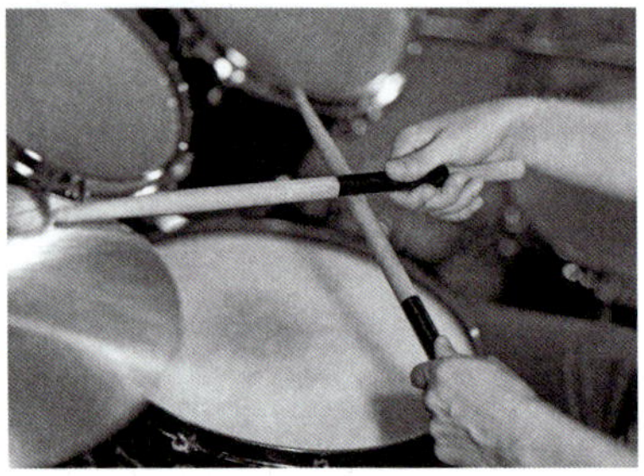

1. ______________________ 2. ______________________ 3. ______________________

4. ______________________ 5. ______________________ 6. ______________________

b Ergänze die Verben in der richtigen Form.

spielen ✦ ~~machen~~ ✦ haben ✦ singen ✦ spielen ✦ fernsehen ✦ spazieren gehen ✦ hören

A

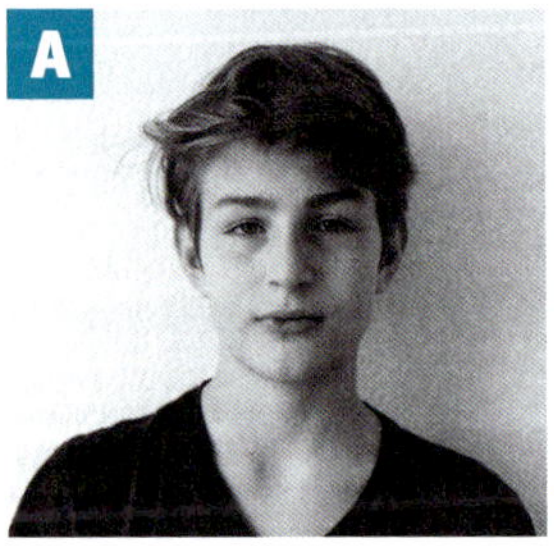

Das ist Florian. Er _macht_ (1) nicht gern Sport.

Er ______________ (2) gerne Musik und er ______________ (3) auch Gitarre in einer Band.

Zu Hause ______________ er auch gerne ______________ (4).

B

Das ist Jannik. Er ______________ (1) einen Hund und einen Papagei.

Jeden Tag ______________ er mit Bernie ______________ (2).

Jannik ______________ (3) gerne Basketball und er ______________ (4) im Chor.

2 a Lies die Texte und die Sätze. Welche Gruppe passt? Band (B), Orchester (O) oder Band und Orchester (B+O)? Kreuze an.

▶KB2

Schulband

Hört ihr gern Rap- oder Hiphopmusik? Könnt ihr gut singen oder Gitarre spielen? Unsere Schulband sucht Musiker: eine Sängerin oder einen Sänger und eine Person an der Gitarre. Ihr könnt Lieder mitbringen und wir machen zusammen das Programm für das Konzert auf der Schulparty. Habt ihr Lust? Dann kommt Freitag um 15:30 Uhr in den Musikraum.

Das Schulorchester braucht mehr Musiker! Könnt ihr vielleicht Klarinette oder Schlagzeug spielen? Macht ihr gerne mit anderen Schülern zusammen Musik, zum Beispiel Klassik, Jazz und Rock? Im Schulorchester könnt ihr viel Spaß haben und neue Lieder spielen. Wir üben jeden Mittwoch von 14 bis 15:30 Uhr im Musikraum. Macht doch am Mittwoch auch mit!

Orchester

	B	O	B+O
1. Die Gruppe sucht Musiker.	☐	☐	☐
2. Die Gruppe spielt zum Beispiel Rockmusik.	☐	☐	☐
3. Die Gruppe spielt auf der Schulparty.	☐	☐	☐
4. Die Schüler fangen um halb vier an.	☐	☐	☐
5. Die Schüler üben im Musikraum.	☐	☐	☐

b Lies die Dialoge und ergänze. Die Texte im Kursbuch auf Seite 68 helfen.

1

- ● Bist du in einer A _?
- ○ Ja, ich liebe die Na _ _ _ und arbeite im Sch _ ga _ _ _ _.
- ● Und was h _ _ _ ihr im Ga _ _ _ _?
- ○ Wir haben Bl _ _ _ _, Obst und Ge _ _ _ _. Möch _ _ _ _ du mitm _ _ _ _ _?
- ○ Ja, wann ist die A _?
- ● Immer di _ _ _ t _ _ s.

2

- ● Was ist deine Lie _ _ _ _ gs-AG?
- ○ Das i _ _ der GirlsFightClub.
- ● Und w _ _ macht i _ _ da?
- ○ Wir trai _ _ _ _ _ _ Boxen, Karate und Taekwondo. Aber wir le _ _ _ _ auch Te _ _ _ _ k, Konzentration und Respekt.
- ● Ma _ _ _ _ nur Mädchen mit?
- ○ Ja. Der Club ma _ _ _ die Mädchen st _ _ _. Mach auch m _ _ !

3 a Schreib die Sätze in die Tabelle.

▶KB3

~~1. Ich kann nicht surfen.~~
2. Was kannst du kochen?
3. Wann könnt ihr kommen?
4. Clara kann sehr gut Volleyball spielen.
5. Am Samstag können wir Fußball spielen.
6. Können die Schüler Deutsch sprechen?

	können		Infinitiv
1. Ich	Kann	nicht	surfen.
2.			
3.			
4.			
5.			
6.	Können		

b Ergänze *können*.

1. Mia Kann gut tanzen.
2. Wer ________ einen Salat machen?
3. Ich ________ heute leider nicht kommen.
4. Wann ________ wir heute nach Hause gehen?
5. Du ________ ja gut Japanisch sprechen!
6. Was ________ ihr bei der Feuerwehr lernen?
7. Herr Bröhmer, ________ Sie das bitte wiederholen?
8. ________ du gut Skateboard fahren?

c Deine Familie und deine Freunde – Wer kann was gut? Schreib vier Sätze.

1. Meine Mutter Kann gut ...
2. ________
3. ________
4. ________

4 a Schreib Sätze.

▶KB3

1. Klavier spielen – Eric – können – . Eric Kann ...
2. um 15 Uhr – kommen – ich – können – . ________
3. mitmachen – du – können – beim Schulgarten – . ________
4. heute – wir – nicht trainieren – können – . ________

b Schreib sechs Fragen. Beginne mit dem Verb *können*. Es gibt viele Möglichkeiten.

du ✦ ihr ✦ Sie ✦ Clara ✦ Sinan ✦ Mia

Suppe ✦ Kuchen ✦ (sehr) gut ✦ Klarinette ✦ Hiphop ✦ Basketball

boxen ✦ tanzen ✦ reiten ✦ singen ✦ kochen ✦ backen ✦ spielen

1. Kannst du ... ?
2. ________?
3. ________?
4. ________?
5. ________?
6. ________?

5 a Welches Verb passt? Kreuze an.

▶KB4

1. Wir ☐ wollen ☐ wollt heute Nachmittag ins Schwimmbad gehen.
2. Wer ☐ wollen ☐ will heute Fußball spielen?
3. Ich ☐ wollt ☐ will die Hausaufgaben nicht machen.
4. Felix ☐ will ☐ willst nicht ins Kino gehen.
5. Frau Schneider, ☐ will ☐ wollen Sie meine Hausaufgaben sehen?
6. Was ☐ will ☐ willst du am Samstag machen?
7. Inga und Anna ☐ wollen ☐ wollt Donnerstag zum GirlsFightClub gehen.
8. Wir gehen in die Cafeteria. ☐ Wollen ☐ Wollt ihr mitkommen?

b Schreib die Sätze in die Tabelle.

1. wollen – Ich – singen – im Schulchor – .
2. Am Samstag – ein T-Shirt – Lars – wollen – kaufen – .
3. wollen – Meine Oma – Sonntag ihren Geburtstag – feiern – .
4. du – die Party – Wann – machen – wollen – ?
5. wir – Wollen – gehen – in den Park – ?

	wollen		Infinitiv
1. Ich	will	im Schulchor	singen.
2.			
3.			
4.			
5.	Wollen		

c Ergänze *kann* oder *will* und das passende Verb.

1. Dana hat keine Zeit. Sie kann heute nicht mit Lilli schwimmen gehen.
2. Nina ________ im Schulchor ________, aber sie hat montags Volleyballtraining.
3. Moritz ________ nicht ________ ________. Das Skateboard ist kaputt.
4. Tim mag Pferde und er ________ sehr gut ________.
5. Laura kauft Mehl und Eier. Sie ________ einen Kuchen ________.
6. Dana findet Sport langweilig. Sie ________ nicht ________.

6 a Lies die Einladung und ergänze.

▶KB5

kommen ✦ Garten ✦ ~~habe~~ ✦ Nachricht ✦ spielen ✦ fängt … an ✦ Grill ✦ mache ✦ schreib ✦ Adresse ✦ feiern

Liebe Annika,

ich _habe_ (1) am Samstag Geburtstag und ________ (2)

eine Party. Die Party ________ um 15 Uhr ________ (3).

Wir ________ (4) im ________ (5). Die ________ (6)

ist Kirchweg 34. Wir ________ (7) Spiele, tanzen und singen.

Es gibt Kuchen und Essen vom ________ (8). Kannst du ________ (9)?

Ruf an oder ________ (10) eine ________ (11).

Liebe Grüße

Mila

b Du hast Geburtstag und schreibst eine Einladung. Der Kasten hilft.

Lieb________,

ich habe Geburtstag und das will ich feiern!

Wann? ________________

Wo? ________________

Was? ________________

____

Kannst du kommen? Ruf ________________

____

Viele Grüße ________

am Samstag / 21. Mai / … ✦ zu Hause / im Garten / … Straße … ✦ Wir spielen Spiele / tanzen / singen / gehen ins Kino / machen einen Ausflug / … ✦ Es gibt Kuchen / Salat / Essen vom Grill / … ✦ Ruf bitte an / Meine Nummer ist … ✦ Schreib eine Antwort / Nachricht.

7 Wer kommt, wer kommt nicht zu Milas Party? Notiere.

▶KB6

1
Hallo Mila,
danke für die Einladung. Ich bin am Samstag im Feuerwehrcamp. Schade. Viel Spaß!
Liebe Grüße
Samuel

2
Hi Mila,
vielen Dank für die Einladung. Bin dabei! Kann ich etwas mitbringen?
LG
Finja

3
Liebe Mila,
danke für die Einladung. Ich komme gern. Kommt Finja auch?
Viele Grüße
Lenny

4
Hi Mila,
ich kann leider nicht kommen. Ich fahre nach Berlin. Mein Opa hat Geburtstag.
LG
Maja

5
Hallo Mila,
vielen Dank für die Einladung. Ich will gerne kommen, aber am Samstag habe ich leider ein Fußballspiel. Das ist wichtig.
Viele Grüße
Paula

Zusagen: _2,_ ________

Absagen: ________

7

8 a Lies die Dialoge und markiere alle Personalpronomen im Akkusativ.

▶KB7

1. ● Geht der Junge dort in unsere Schule? Ich kenne ihn nicht. ○ Ich auch nicht.
2. ● Kommen Anne und Feja zur Party oder lädst du sie nicht ein? ○ Sie kommen.
3. ● Kann ich bitte das Lineal haben? Ich brauche es nur kurz. ○ Ja, klar.
4. ● Hallo Jan, ich fahre mit dem Bus. Verstehst du mich? ○ Ja. Also, ich …
5. ● Wie findest du Antonia? Sie mag dich! ○ Wirklich?
6. ● Wollt ihr mitkommen? Dann holen wir euch um 15 Uhr ab. ○ Ja, gerne!

b Zu welchem Wort passen die Personalpronomen? Zeichne Pfeile in den Sätzen in 8a wie im Beispiel.

1. ● Geht der Junge dort in unsere Schule? Ich kenne ihn nicht.

c Ergänze die Sätze.

habe es ✦ rufen dich an ✦ verstehe Sie ✦ sehe sie ✦ lade euch ein ✦ treffe ihn

1. ● Wo ist Hannah? ○ Keine Ahnung. Ich __________ nicht.
2. ● Siehst du Felix heute? ○ Ja, ich __________ um 16 Uhr.
3. ● Besucht ihr mich heute? ○ Keine Zeit, aber wir __________.
4. ● Wo ist mein Deutschbuch? ○ Also, ich __________ nicht.
5. ● Hast du Geburtstag? ○ Ja, und ich __________!
6. ● Mein Deutsch ist nicht gut. ○ Doch, ich __________ gut.

d Ergänze die Personalpronomen im Nominativ und im Akkusativ.

1. ● Hat Maria meine Stifte?
   ○ Nein, _sie_ hat _sie_ nicht.
2. ● Sucht Maria wieder ihre Brille?
   ○ Ja, aber ______ kann ______ nicht finden.
3. ● Rufst du uns später an?
   ○ Nein, aber ______ schreibe ______ eine Nachricht.
4. ● Tolles Foto! Aber wo seid ihr?
   ○ Kannst ______ ______ nicht sehen? Hier, das sind wir.
5. ● Wir fahren mit dem Fahrrad.
   ○ Okay, ich komme mit. Holt ______ ______ zu Hause ab?

8 Bist du fit?

1 **Das ist Egon. Was hat Egon, was hat er nicht? Schreib in die Tabelle. Achte auf den Plural! Die Wörterliste im Arbeitsbuch hilft.**

▶KB1

~~das Auge~~ ✦ der Kopf ✦ der Zahn ✦ das Haar ✦ ~~die Nase~~ ✦ der Mund ✦ das Ohr ✦ der Hals ✦ der Bauch ✦ der Rücken ✦ der Arm ✦ die Hand ✦ der Finger ✦ das Bein ✦ das Knie ✦ der Fuß

Egon hat ...	Aber er hat ...
drei Augen, ...	keine Nase, ...

2 **a** **Carlas Oma hört nicht gut – Lies den Dialog. Schreib dann die Sätze rechts anders.**

▶KB2

- ● Na, Carla, was ist los?
- ○ Ich habe Halsschmerzen.
- ● Was hast du?
- ○ Mein Hals tut weh!
- ● Oh, dann gute Besserung
- ○ Danke!

1. Ich habe Kopfschmerzen.
   Mein ... ________________
2. Ich habe Bauchschmerzen
   ____
3. Mein Zahn tut weh.
   Ich ... ________________
4. Meine Ohren tun weh.
   ____

b **Ergänze den Dialog.**

trink ✦ Banane ✦ mache ✦ los ✦ ~~geht~~ ✦ Schule ✦ Schlecht ✦ möchte ✦ Hals ✦ weh

- ● Guten Morgen! Wie geht ________ (1) es dir?
- ○ ____________ (2).
- ● Was ist ____________ (3)? Hast du Kopfschmerzen?
- ○ Ja, mein Kopf tut sehr ____________ (4).
- ● Du bist ganz heiß. Du gehst heute nicht in die ____________ (5), okay?
  Und iss später einen Apfel oder eine ____________ (6).
- ○ Ich ____________ (7) nichts essen. Mein ____________ (8) tut auch weh.
- ● Na gut, aber dann ____________ (9) bitte viel Tee.
- ○ Ja, das ____________ (10) ich.

8

3 **a** **Ergänze die passenden Formen von *müssen*.**

▶KB3

1. ● Müsst ihr am Samstag früh aufstehen?
   ○ Nein, wir ______________ am Sonntag früh aufstehen, da ist unser Sportturnier.
2. ● ______________ du noch deine Hausaufgaben machen?
   ○ Nein, die habe ich schon, aber ich ______________ noch einkaufen.
3. ● Meine Mutter ist krank, sie ______________ heute im Bett bleiben.
   ○ Meine Geschwister sind auch krank. Sie ______________ morgen zum Arzt gehen.

b **Vor der Party – Schreib die Sätze in die Tabelle.**

1. ich / Nils / einladen / müssen / .
2. meine Brüder / Cola und Saft / holen / müssen / .
3. was / wir / einkaufen / müssen / ?
4. wen / ihr noch / einladen / müssen / ?
5. du deine Eltern / fragen / müssen / ?
6. ihr / um 9 Uhr zu Hause / sein / müssen / ?

Position 1	Position 2		Verb am Ende
1. Ich	muss	Nils	einladen.
2.			
3. Was			
4.			
5. M____			
6.			

c **Du, deine Familie, deine Freundinnen und Freunde – Wer muss was machen? Schreib sechs Sätze.**

ich ✦ wir ✦ du ✦ ihr ✦ meine Freunde ✦ meine Mutter ✦ mein Bruder ✦ Oma ✦ …	müssen	einen Kuchen ✦ im Supermarkt ✦ die Hausaufgaben ✦ ins Training ✦ zum Arzt ✦ Opa ✦ …	gehen ✦ einkaufen ✦ besuchen ✦ machen ✦ backen ✦ …

Du musst Opa besuchen.

____

____

____

____

____

d Wer darf was nicht? Was passt zusammen? Verbinde.

1. Mein Hund
2. Meine Eltern
3. Ich bin krank und
4. Du hast morgen einen Test und
5. Wir haben keine Einladung und
6. Ihr habt morgen früh Schule und

A darf nicht ins Training gehen.
B dürfen nicht auf die Party gehen.
C dürft heute nicht lang fernsehen.
D darf nicht mit uns Fußball spielen.
E darfst jetzt nicht ins Kino gehen.
F dürfen nicht zu spät zur Arbeit kommen.

e Am Samstag – Wer darf was? Schreib die Sätze in die Tabelle.

1. ich / spät ins Bett gehen / dürfen / .
2. Papa / zu Hause / arbeiten / dürfen / .
3. wer / ein Eis / essen / dürfen / ?
4. was / ihr für die Party / kaufen / dürfen / ?
5. du / um zehn Uhr ins Kino / gehen / dürfen / ?
6. Kim und Marie / beim Turnier spielen / dürfen / ?

Position 1	Position 2		Verb am Ende
1. Ich			
2.			
3. Wer			
4.			
5. D____			
6.			

f Ergänze die Partyabsage.

Hallo Vicky,

es tut mir le i d, aber ich ka _ _ nicht zur Par _ _ kommen.

Ich habe Fie _ _ _ und da _ _ nicht tan _ _ _.

Ich muss im Be _ _ blei _ _ _.

Lie _ _ Grü _ _

Basti

g Ordne und schreib die Partyabsage.

___

___

___

___

___

Ich bin erkältet und habe Fieber. ✦ Liebe/Lieber …, ✦ Leider kann ich nicht kommen: ✦ danke für die Einladung zur Party! ✦ Liebe Grüße ✦ Morgen muss ich zu Hause bleiben

4 a Welche Verbform passt? Kreuze an.

▶KB4

Samstag (1) ☒ war ☐ hatte ein super Tag. Ich (2) ☐ hatte ☐ war lange im Bett. Dann (3) ☐ hatte ☐ war ich total viel Hunger! Aber meine Eltern (4) ☐ hatten ☐ waren keine Zeit zum Einkaufen. Wir (5) ☐ waren ☐ hatten kein Essen zu Hause! Okay, da (6) ☐ war ☐ hatte schon was, aber nur Obst und Müsli ☹. Ich (7) ☐ war ☐ hatte dann bei Opa zum Frühstück, das (8) ☐ war ☐ hatte super lecker! Wir (9) ☐ hatten ☐ waren Eier, Fisch, Schinken und Käse. Am Nachmittag (10) ☐ waren ☐ hatten wir im Club ein Fußballspiel. Unser Team (11) ☐ war ☐ hatte sehr gut! Aber wir (12) ☐ waren ☐ hatten auch viel Glück!

b Gestern auch? – Schreib die Fragen im Präteritum.

Heute …	Gestern
1. habe ich Zeit.	1. *Hattest du gestern auch Zeit?*
2. haben wir Deutsch.	2. ______
3. sind wir im Training.	3. ______
4. ist meine Oma da.	4. ______
5. habe ich eine AG.	5. ______
6. sind meine Eltern weg.	6. ______

c Oma ist im Krankenhaus! – Ergänze die Nachricht von Nils.

Lecker ✦ Angst ✦ weh ✦ schlimm ✦ bald ✦ muss ✦ Arzt ✦ vielleicht ✦ Krankenhaus ✦ Unfall ✦ leid ✦ kochen ✦ Besserung

Liebe Oma,
Mama sagt, du hattest einen ______ (1) mit dem Fahrrad.
Das tut mir ______ (2)! Ist es ______ (3)?
Tut dein Arm sehr ______ (4)? Gute ______ (5)!
Wie lange musst du im ______ (6) bleiben? Ich mag
Krankenhäuser nicht, ich habe da immer ______ (7), aber
Mama sagt, der ______ (8) ist sehr nett ;-) …
Dann muss Opa jetzt ______ (9), oder? Macht er immer
nur Spaghetti? ______ (10)!
Morgen ______ (11) ich zum Training gehen, aber am
Sonntag kann ich dich ______ (12) besuchen.
Bis ______ (13)
Nils

d **Wo warst du? Ergänze den Minidialog und schreib weitere Möglichkeiten. Sie dürfen lustig sein ☺.**

Gestern war Training / Vickys Party / das Spiel / Schulfest / der Ausflug ✦ Gestern hatten wir Garten-AG / das Sportturnier / …	mein Pferd war krank ✦ mein Papagei hatte Fieber ✦ ich hatte einen Test ✦ meine Oma hatte Geburtstag ✦ mein Skateboard war kaputt ✦ …

● Wo warst du gestern? Gestern …

○ Tut mir leid.

● ______

○ ______

5

a **Komposita – Ups, da stimmt was nicht! Schreib die Komposita richtig.**

▶KB5

1. die Orangensuppe ______ der Orangensaft
2. der Gemüseball ______
3. der Ohrensaft ______
4. das Apfelbuch ______
5. der Fußkuchen ______
6. die Wörterschmerzen (Plural) ______

b **Schreib zu jedem Wort noch ein Kompositum. Manchmal gibt es zwei Möglichkeiten.**

Obst ✦ Hand ✦ Deutsch ✦ Fisch ✦ Bauch ✦ Karotten

1. die Fischsuppe, die Karottensuppe
2. der Handball
3. ______ saft
4. ______ buch
5. ______ kuchen
6. ______ schmerzen

6

a **Schreib die Sätze mit *deshalb*.**

▶KB6

1. Ich war gestern Abend müde, / war / deshalb / ich / nicht / im Kino / .
2. Mario war am Sonntag krank, / beim Turnier / nicht / er / war / deshalb / .
3. Meine Eltern hatten frei, / sie / waren / deshalb / nicht / in der Arbeit / .
4. Max hatte kein Geld, / im Konzert / nicht / er / deshalb / war / .
5. Wir hatten eine Einladung, / deshalb / wir / waren / auf der Party / .
6. Die Party war super, / spät / zu Hause / wir / waren / deshalb / .

1. Ich war gestern Abend müde, deshalb war ich nicht im Kino.

b **Und du? Wo warst du, wo warst du nicht? – Ordne zu und schreib fünf Sätze.**

fit sein / müde sein ✦ ein/kein Geschenk haben ✦ eine/keine Einladung haben ✦ gesund sein / krank sein ✦ (keine) Angst haben ✦ (keine) Schule haben ✦ (kein) Training haben ✦ viel/kein Geld haben

(nicht) im Schwimmbad sein ✦ (nicht) in der Schule sein ✦ (nicht) im Sportclub sein ✦ (nicht) beim Konzert sein ✦ (nicht) beim Turnier sein ✦ (nicht) beim Pferd von Maja sein ✦ (nicht) im Supermarkt sein ✦ (nicht) auf der Party sein

Ich war fit, deshalb war ich beim Training.

7 Lies den Steckbrief und kreuze an: richtig oder falsch.

▶KB7

Laura Dahlmeier hat am 22. August 1993 Geburtstag.
Sie kommt aus Garmisch-Partenkirchen.
Ihre Eltern Andreas und Susi Dahlmeier waren auch Sportler:
In den 1990er Jahren waren sie Sieger beim Mountainbike-Fahren.
Als Kind war Laura zuerst alpine Skifahrerin.
Biathlon versucht sie zum ersten Mal mit sieben Jahren,
und dann ist bald klar: Sie möchte Biathletin sein!
Seit 2011 ist Laura Profisportlerin, das heißt, Sport ist ihr Beruf.
2017 ist sie Sportlerin des Jahres und 2018 gewinnt sie bei Olympia
im Biathlon. Da ist sie total glücklich!
Lauras Hobbys sind Klettern, Bergsteigen und Mountainbike fahren.

	richtig	falsch
1. Lauras Eltern waren auch Biathleten.	☐	☐
2. Lauras erster Sport war Biathlon.	☐	☐
3. Laura macht jetzt nur Sport, sie hat keinen anderen Beruf.	☐	☐
4. 2018 ist Laura die beste Biathletin bei Olympia.	☐	☐
5. In der Freizeit macht Laura gerne Sport in den Alpen.	☐	☐

8 Suche und notiere acht Sportarten.

▶KB8

	A	B	C	D	E	F	G	H	I	J
1	Y	Ä	C	B	I	E	X	I	S	R
2	O	K	L	E	T	T	E	R	N	E
3	G	V	F	K	D	Y	T	Ö	H	I
4	A	A	N	A	M	I	Y	L	P	T
5	S	C	H	W	I	M	M	E	N	E
6	O	C	G	Q	P	F	J	S	R	N
7	C	S	K	I	F	A	H	R	E	N
8	T	E	N	N	I	S	K	L	U	Y
9	B	A	S	K	E	T	B	A	L	L
10	X	F	U	ß	B	A	L	L	U	K

1. *Yoga*
2. ______
3. ______
4. ______
5. ______
6. ______
7. ______
8. ______

9 Zu Hause in der Stadt

1 a Wie heißen die Orte in der Stadt? Notiere mit Artikel.

▶KB1

1. ____________________

2. ____________________

3. ____________________

4. ____________________

5. ____________________

6. ____________________

7. ____________________

8. ____________________

b Was machen die Personen in 1a? Ergänze die Sätze.

Paket ✦ essen ✦ besucht ✦ Brötchen ✦ kaufen ✦ trifft ✦ wechselt ✦ lernen ✦ Suppe

1. Simon ________________ Ronja und bringt ein Geschenk mit.
2. Die Schülerinnen ________________ für den Physiktest.
3. Justina will ein ________________ verschicken.
4. Herr und Frau Reit wollen mit dem Zug fahren. Zuerst ________________ sie die Fahrkarten.
5. Herr Otte ________________ Geld.
6. Linda kauft drei ________________.
7. Mika will eine Pizza ________________, Mikas Vater nimmt eine ________________.
8. Till ________________ Freunde.

2 Verkehrsmittel – Suche acht Verkehrsmittel und schreib sie mit Artikel und Plural.

▶KB2

	A	B	C	D	E	F	G	H
1	T	E	S	N	A	P	T	I
2	M	O	T	O	R	R	A	D
3	D	R	A	U	T	O	X	I
4	U	B	A	H	N	L	I	N
5	B	U	S	H	E	L	T	S
6	E	R	S	K	I	E	L	A
7	O	F	A	H	R	R	A	D
8	M	E	T	Z	U	G	F	L

1. *das Motorrad, die ...*
2. ____________________
3. ____________________
4. ____________________
5. ____________________
6. ____________________
7. ____________________
8. ____________________

b Welche Verkehrsmittel benutzen die Personen? Ergänze bei Satz 2–7 auch die Artikel. Wie heißt das Lösungswort?

1. Ich gehe heute z u F u ß zum Training.
2. Mein Nachbar fährt mit d _ _ _ _ _ _ zum Bahnhof.
3. Nils fährt mit d _ _ _ - _ _ _ _ zur Schule.
4. Ida fährt mit d _ _ _ _ _ _ _ _ zur Bäckerei.
5. Max fährt mit d _ _ _ _ _ _ _ _ _ _ _ _ _ _ zum Schulfest.
6. Janas Mutter fährt mit d _ _ _ _ _ _ zum Friseur.
7. Mein Vater fährt mit d _ _ _ _ _ _ _ _ _ _ _ zur Arbeit.

Lösungswort: _ _ _ _ _ _ _ _

1

2

3

4

5

6

7

c Welches Verkehrsmittel passt? Kreuze an.

1. Mit der ☒ Straßenbahn ☐ Taxi fahren wir nicht oft.
2. Mein Bruder muss immer mit dem ☐ U-Bahn ☐ Bus zur Schule fahren.
3. Meine Eltern fahren immer mit den ☐ Motorrädern ☐ Auto zur Arbeit.
4. Merle fährt oft mit der ☐ Zug ☐ U-Bahn.
5. Mit dem ☐ Straßenbahn ☐ Fahrrad ist man schnell zu Hause.
6. Ich fahre nicht gern mit dem ☐ Bus ☐ U-Bahn.

3 a Sieh noch einmal die Bilder in 1a an. Was passt? Verbinde.

▶KB3

1. Simon ist		Krankenhaus.
2. Die Schülerinnen sind		Bibliothek.
3. Justina ist	im	Post.
4. Herr und Frau Reit sind		Bahnhof.
5. Herr Otte ist		Bank.
6. Linda ist	in der	Bäckerei.
7. Mika isst Pizza		Restaurant.
8. Till ist		Park.

b Wo sind die Personen? Ergänze die Nachrichten.

1
Bist du schon
______________?
Ich brauche noch drei Brötchen.

2
Bin schon
______________.
Wir müssen den Film morgen anschauen. Heute gibt es keine Tickets mehr.

3
Wir sind
____
„La Trattoria" und wollen Pizza essen. Kommst du auch?

4
Mama, ich bin
____
und will das Paket verschicken. Aber mein Geld ist zu Hause. Kommst du?

4 a Kim, Marie und Lukas – Ergänze die Sätze.

▶KB4

aus der Schule ✦ beim Zahnarzt ✦ in der Schule ✦ vom Zahnarzt ✦ zum Zahnarzt ✦ zur Schule

1. Kim und Marie gehen ______________ ______________________________

2. Kim lernt ______________________ ______________________________

3. Ein Uhr. Kim kommt ____________ ______________________________

4. Lukas geht _____________________ ______________________________

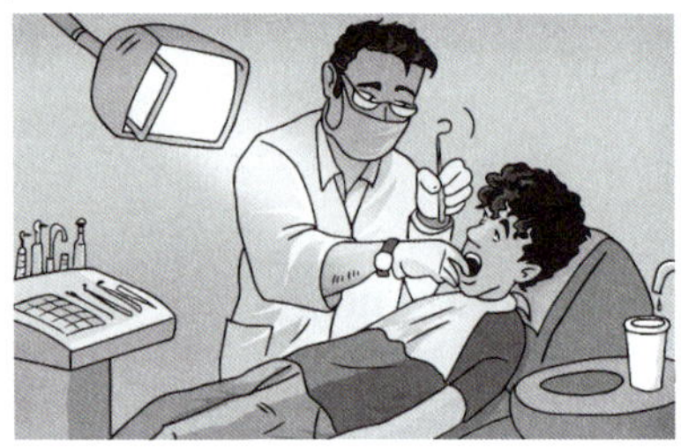

5. Lukas ist ______________________ ______________________________

6. Fertig! Lukas kommt ____________ ______________________________

b *Wohin? Wo? Woher?* – Was passt wo? Schreib die Ausdrücke in die Tabelle.

~~zu Florian~~ ✦ aus der Apotheke ✦ beim Arzt ✦ in der Bäckerei ✦ zum Bahnhof ✦ aus dem Kino ✦ in den Supermarkt ✦ zu den Nachbarn ✦ bei der Tante von Jim ✦ in die Bibliothek ✦ vom Friseur ✦ aus den Häusern

Wohin?	Wo?	Woher?
zu Florian		

c Schreib sechs Sätze mit den Ausdrücken aus 4b.

~~Bauch wehtun~~ ✦ einkaufen ✦ Oma abholen ✦ gut aussehen ✦ lernen müssen ✦ Brötchen kaufen ✦ Tickets kaufen ✦ sehr nett sein ✦ …

1. Mein Bauch tut weh, deshalb bin ich jetzt …
2. Ich möchte … , deshalb gehe ich …
3. Ich komme …
4. ______________________________
5. ______________________________
6. ______________________________

5 a Wo wohnen die Personen? Ordne zu.

▶KB5

in einem Haus ✦ in einer Wohnung ✦ in einem Hochhaus

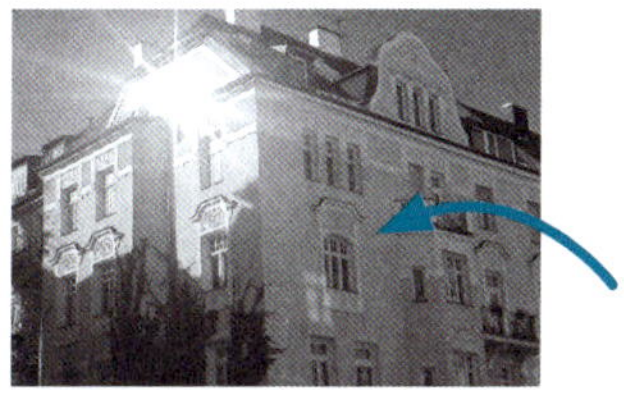

1. Sina wohnt ____________________ ____________________
2. Sammy wohnt ____________________ ____________________
3. Joy wohnt ____________________ ____________________

b So wohnt Sammy? Ergänze den Text.

Ich wohne im Zentrum. Das ist cool. Ich gehe zum Bei _ _ _ _ _ nur zehn Mi _ _ _ _ _ zur Schule. Meine Ad _ _ _ _ _ ist Marktstraße 5. Das H _ _ _ ist alt und schön und hier wo _ _ _ _ acht Familien. Unsere Wo _ _ _ _ _ _ hat vier Zi _ _ _ _. Wir haben kei _ _ _ Balkon, a _ _ _ einen Hof. Mein Br _ _ _ _ Denis und ich sp _ _ _ _ _ da Fußball. Das finde ich s _ _ _ r, aber uns _ _ _ Eltern finden das n _ _ _ _ gut. Mein Zi _ _ _ _ ist schön und s _ _ _ groß. Aber ich muss mein Zi _ _ _ _ mit Denis tei _ _ _. Das nervt.

c Lies den Text noch einmal. Ergänze.

1. Sammy wohnt im ________ ____________.
2. Er braucht nur ________ ____________ zur Schule.
3. Er wohnt in der ____________ ________.
4. In der Wohnung gibt es ________ ____________, aber sie hat keinen Balkon.
5. Sammy und Denis spielen ________ ____________ Fußball.
6. Sammys Zimmer ist ________ ________ ________ ________.
7. Er teilt es ________ ____________.

d Was passt nicht? Streiche durch.

1. Ich wohne in	einem Hochhaus / ~~einem Hof~~ / einer Wohnung.
2. Das Haus hat	meine Familie / einen Balkon / drei Zimmer.
3. In unserem Haus wohnen	vier Familien / viele Menschen / zehn Minuten.
4. Unser Haus ist	gemütlich / neu / lange.
5. Wir dürfen	mit dem Fahrrad / Haustiere haben / laut sein.
6. In der Nähe ist	ein Park / mein Tisch / meine Schule.

e Was passt? Ordne zu.

~~super~~ ✦ klasse ✦ nicht schön ✦ toll ✦ blöd ✦ schlecht ✦ gut ✦ doof ✦ schön ✦ langweilig

☺ Das finde ich … / Das ist …	☹ Das finde ich … / Das ist …
super	

6 a Unsere Wohnung – Ergänze.

▶KB6

das Wohnzimmer ✦ die Küche ✦ die Toilette ✦ der Garten ✦ das Schlafzimmer ✦ das Kinderzimmer ✦ der Flur ✦ das Bad

1. ____________
2. ____________
3. ____________
4. ____________

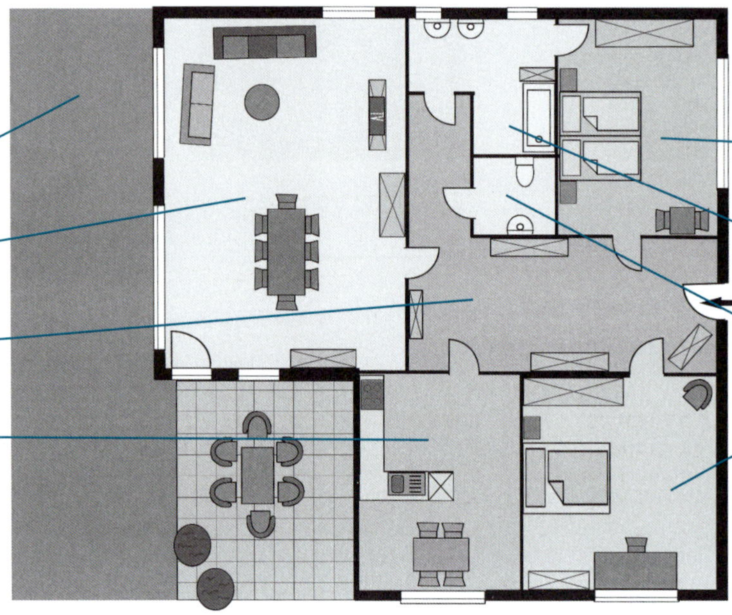

5. ____________
6. ____________
7. ____________
8. ____________

b Eine Reihenfolge beschreiben – Ordne die Wörter.

dann ✦ zum Schluss ✦ zuerst ✦ ~~danach~~

____________ → ____________ → danach ____________ → ____________

c Was muss Kim machen? Schreib einen Text. Benutze die Wörter aus 6b.

Kim kommt von der Schule nach Hause. Zuerst muss sie ihr ...

____

____

____

1. Zimmer aufräumen
2. Leo von Max abholen
3. Hausaufgaben machen
4. Brief an Tante Sabine schreiben – Geburtstag!

d Wo macht man das? Notiere.

1. Suppe kochen, Kuchen backen — in der Küche
2. Zähne putzen, duschen — ____________
3. mit der Familie fernsehen, essen — ____________
4. chillen, schlafen, lesen, spielen — ____________
5. Volleyball spielen, grillen, Partys feiern — ____________

7 ▶KB7

a Lies die Nachricht von Pia an ihre Freundin Mascha in Russland. Über welche Dinge schreibt Pia? Kreuze an.

A ☐ 
B ☐ 
C ☐ 
D ☐ 
E ☐ 
F ☐ 
G ☐ 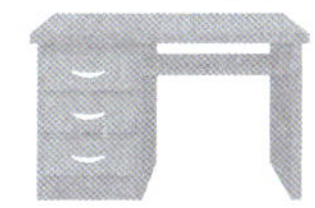
H ☐ 
I ☐ 
J ☐ 

Hallo Mascha,
wie geht es dir? Habt ihr in Russland jetzt auch Ferien? Ich bin zwei Wochen bei meiner Tante in Stuttgart. Ihr Haus ist sehr groß und es gibt auch einen Garten. Ich habe ein Zimmer für mich allein. Meine Cousine ist schon 21 Jahre alt und wohnt nicht mehr in Stuttgart. Das Zimmer ist groß und es gibt zwei Fenster, deshalb ist es sehr hell. Im Zimmer steht auch ein Klavier. Dann kann ich auch in den Ferien üben. Und es gibt einen Schreibtisch. Hier kann ich Vokabeln lernen und so, aber ich male lieber Bilder. Es gibt auch schöne Bilder von meiner Cousine im Zimmer. Sie kann gut malen. Das Bett ist sehr gemütlich. Ich schlafe jeden Morgen bis 10 Uhr!
Im Regal stehen viele Bücher. Sie sind toll! Ich lese jeden Tag drei Stunden, meistens im Garten. Meine Tante und ich gehen aber auch oft in die Stadt. Dort gehen wir ins Kino, ins Schwimmbad oder Eis essen.
Und was machst du in den Ferien? Antworte bitte bald.
Pia

b Lies die Nachricht noch einmal. Sind die Aussagen richtig oder falsch? Kreuze an.

	richtig	falsch
1. Pia hat jetzt keine Schule.	☐	☐
2. Sie besucht ihre Cousine in Russland.	☐	☐
3. Ihre Cousine teilt das Zimmer mit Pia.	☐	☐
4. Pia kann in den Ferien Klavier üben.	☐	☐
5. Pia schläft viel, deshalb gefällt ihr das Bett.	☐	☐
6. Pia liest gern, aber sie hat nicht viel Zeit.	☐	☐

c Was gibt es in deinem Zimmer? Schreib mindestens sechs Sätze. Benutze den unbestimmten Artikel.

In meinem Zimmer ist/sind … ✦ Es gibt (auch) … ✦ Ich habe … ✦

das Bett ✦ der Schreibtisch ✦ der Stuhl ✦ das Regal ✦ die Gitarre ✦ das Klavier ✦ die Klarinette ✦ der Basketball/Fußball … ✦ das Bild/Foto ✦ das Fenster ✦ die Lampe ✦ die Bücher ✦ der Computer/Laptop ✦ …

In meinem Zimmer ist ein Bett, ein …

10 Wie gefällt dir das?

1 a Wie heißen diese Feste? Und was sagt man bei den Festen? Ergänze.

▶KB1

Geburtstag ✦ Weihnachten ✦ Karneval ✦ Ostern

Wie heißt das Fest? — Was sagt man?

1. ______________ — He l a u!

2. ______________ — Fr _ _ _ Os _ _ _ _ _!

3. ______________ — Al _ _ _ Gu _ _! / Herzli _ _ _ _ Glückw _ _ _ _ _!

4. ______________ — _ _ _ he Weihn _ _ _ _ _ _!

b Was passt zu welchem Fest? Schreib zu jedem Fest zwei Aktivitäten. Es gibt mehrere Möglichkeiten.

im Kostüm Spaß haben ✦ in die Kirche gehen ✦ Eier suchen ✦ eine Party machen ✦ Lieder singen ✦ Kuchen essen ✦ Plätzchen backen ✦ Spiele machen ✦ Freundinnen und Freunde einladen ✦ Geschenke bekommen ✦ Verwandte besuchen

1. Karneval: ______________________________
2. Geburtstag: ______________________________
3. Ostern: ______________________________
4. Weihnachten: ______________________________

2 So feiere ich! Lies die Nachrichten an die E-Mail-Partner und E-Mail-Partnerinnen. Wer feiert wie? Ergänze die Namen.

▶KB2

Hallo Salvador!
Am Samstag habe ich endlich Geburtstag! Ich werde 14 ☺. Geburtstag im Januar finde ich gut, nur etwas ist blöd: Ich möchte gerne alle meine Freunde einladen. Aber meine Eltern sagen, das geht nicht. Unsere Wohnung ist klein, deshalb darf ich nur sechs Freunde einladen. Aber unsere Party wird cool! Und ihr? Wie feiert ihr in Argentinien Geburtstag? Schreib mir bald wieder! Liebe Grüße
Sam

Hi Selma!
Herzlichen Glückwunsch zum Geburtstag! Machst du eine Party, oder wie feierst du? Mein Geburtstag ist im August. Im Sommer feiern ist super! Wir gehen immer in den Park und grillen. Ich bin Vegetarierin, deshalb gibt es immer Gemüsespieße und gegrillten Käse. Lecker!
Mona

Hallo Marc!
Danke für die Glückwünsche zu meinem Geburtstag. Du fragst, wie ich feiere. Das ist immer so: Meine Mutter weckt mich am Morgen. Und dann darf ich im Bett frühstücken. In der Schule singen alle ein Lied für mich, und ich bringe einen Kuchen mit, den essen wir zusammen. Wann hast du eigentlich Geburtstag? Bis bald
David

1. ______________ feiert mit der Familie.
2. ______________ möchte eine große Party machen.
3. ______________ feiert nicht zu Hause.
4. ______________ grillt gern, aber kein Fleisch.
5. ______________ hat im Winter Geburtstag.
6. ______________ feiert auch in der Schule.

Sam ✦ Mona ✦ David

3 a Markiere die Monate und schreib sie an die richtige Stelle. Ergänze die passenden Jahreszeiten.

▶KB3

	A	B	C	D	E	F	G	H	I	J
1	S	E	P	T	E	M	B	E	R	J
2	J	A	N	U	A	R	I	J	A	U
3	M	U	O	K	T	O	B	E	R	N
4	M	R	V	B	A	S	T	U	M	I
5	A	L	E	U	M	Ä	R	Z	X	G
6	I	F	M	A	I	K	W	G	A	L
7	F	E	B	R	U	A	R	E	P	A
8	G	D	E	Z	E	M	B	E	R	C
9	R	I	R	O	S	J	U	L	I	H
10	O	B	A	U	G	U	S	T	L	W

____
____
____
= der Frühling

____
____
____
= ______________

____
____
____
= ______________

____
____
____
= ______________

b **Was machst du wann gern? Schreib zu jeder Jahreszeit zwei Sätze. Die Ausdrücke helfen. Hast du eigene Ideen?**

Schlittschuh laufen ✦ im Park grillen ✦ draußen Fußball spielen ✦ Eis essen ✦ ins Kino gehen ✦ am Strand chillen ✦ ins Schwimmbad gehen ✦ im Stadion in ein Konzert gehen ✦ zu Hause fernsehen ✦ Kuchen backen ✦ Mountainbike fahren ✦ skifahren ✦ im Bett lesen ✦ mit dem Hund im Garten spielen ✦ Roller fahren

1. Winter: Im Winter gehe ich gern ... ______
   Ich ... ______
2. Frühling: ______
   ______
3. Sommer: ______
   ______
4. Herbst: ______
   ______

c **Und wie feierst du Geburtstag? Ergänze die Sätze.**

meine Klasse ✦ ...

zu Hause ✦ im Park ✦ am See ✦ ...

Saft ✦ Cola ✦ ...

meine Freundinnen/Freunde

Oma und Opa

Kuchen ✦ Würstchen ✦ Pizza

ins Kino ✦ ins Schwimmbad ✦ ins Café ✦ Schlittschuh laufen ✦ reiten ✦ schwimmen ✦ ...

Ich habe im ______ Geburtstag.

Ich werde bald ______ Jahre alt.

Ich lade ______

______ ein.

Ich feiere gern ______

______.

Es gibt ______.

Ich gehe mit den Gästen ______

______.

4 Geschenke – Schreib die Wörter mit Artikel und Plural.

▶KB4

1. das Buch, die Bücher
   ______

2. ______
   ______

3. ______
   ______

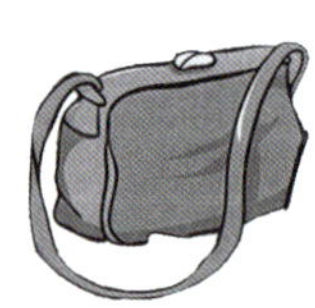

4. ______
   ______

5. ______
   ______

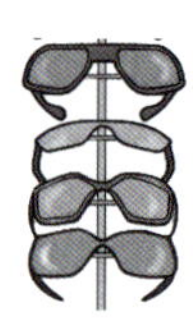

6. ______
   ______

7. ______
   ______

8. ______
   ______

5 Ergänze *Welch* ... oder *dies* ... mit den passenden Endungen. Achte auf Nominativ und Akkusativ.

▶KB4

1. ● Wie findest du _dieses_____ Kostüm?
   ○ _W_______? _D_______ hier? _D_______ Kostüm ist blöd, das kannst du nicht anziehen!
2. ● _D_______ Schauspieler hier finde ich super.
   ○ _W_______? Joel Basman? Echt? _D_______ Schauspieler ist nicht so cool. Aber ich finde _d_______ Sängerin hier gut!
   ● Yvonne Catterfeld? _D_______ Sängerin finde ich überhaupt nicht cool.

6 a Suche acht Kleidungsstücke in der Wortschlange und schreib sie mit Artikel und Plural.

▶KB6

LEIKLEIDUSCHSCHUHULBBLUSEPLUPULLOVERK

OROCKLEMHEMDKAJACKELOHOSE

1. _das Kleid, die Kleider_____
2. ______
3. ______
4. ______
5. ______
6. ______
7. ______
8. ______

b Was passt zusammen? Verbinde.

1. ● Morgen ist Schulfest. Was ziehst du an?
2. ● Ein T-Shirt vom FC Bayern? Das finde ich nicht so cool.
3. ● Das T-Shirt ist auch nicht gut. Es ist zu groß.
4. ● Das Hemd gefällt mir, das ist super!
5. ● Dein FC Bayern T-Shirt!

A ○ Okay. Bist du kein Bayern-Fan? Egal. Und dieses T-Shirt hier?
B ○ Nein, das ist zu klein für dich!
C ○ Gut, dann ziehe ich das an. Und du? Was ziehst du an?
D ○ Ich weiß nicht. Wie gefällt dir dieses T-Shirt? Das ist vom FC Bayern!
E ○ Zu groß? Findest du? Und wie gefällt dir dieses Hemd hier?

c Ergänze *zu* + Adjektiv.

zu alt ✦ zu klein ✦ ~~zu kalt~~ ✦ zu früh ✦ zu teuer ✦ zu warm ✦ zu spät ✦ zu kurz

1. ● Nimm diese Jacke hier mit! Es ist zu kalt nur im T-Shirt!
   ○ Nein, die Jacke ist viel ____________!
2. ● Mein Bruder kann nicht Fußball spielen. Er ist ein Jahr alt, er ist ____________.
   ○ Und mein Opa hat immer Knieschmerzen und kann nicht mehr Fußball spielen. Er ist ____________.
3. ● Mama, kaufst du mir dieses Kleid? Bitte!
   ○ Aber es kostet 150 Euro, das ist doch viel ____________. Und es passt dir auch nicht gut, es ist ein bisschen ____________!
4. ● Am Samstag stehe ich um sieben Uhr auf.
   ○ Was? Um sieben Uhr? Das ist doch viel ____________!
   ● Für mich nicht! Ich habe um 8 Uhr Training, und ich möchte nicht ____________ kommen!

7

a Welche Verben passen? Kreuze an.

▶KB7

1. Nils muss für seine Party einkaufen, und ich ☒ helfe ☐ gefalle ☐ schmecke ihm.
2. Er hat Geburtstag, und alle ☐ passen ☐ schmecken ☐ gratulieren ihm.
3. Es gibt Pizza, die ☐ hilft ☐ passt ☐ schmeckt uns sehr gut.
4. Jens möchte seinen Pullover anziehen, aber er ☐ hilft ☐ passt ☐ gratuliert ihm nicht mehr.
5. Nils und Jens ☐ passt ☐ schmeckt ☐ gefällt Hip Hop, aber ich höre lieber Pop.

b Ergänze die passenden Personalpronomen im Nominativ, Akkusativ oder Dativ.

Nils macht eine Party. ____________ (1) beginnt um 19 Uhr. Wir gratulieren ____________ (2). Und ____________ (3) bringen natürlich Geschenke mit! ____________ (4) schenken ____________ (5) einen Pullover. Nils zieht ____________ (6) gleich an, und ____________ (7) passt ____________ (8) super! Nils Schwester ist auch da. ____________ (9) ist schon 16 Jahre alt. Ich finde ____________ (10) total lustig. Nils Eltern sind sehr nett. ____________ (11) fragen ____________ (12): „Habt ____________ (13) alles oder braucht ____________ (14) noch was? ____________ (15) helfen ____________ (16) gern!"

8 Welche Farbe hat das? Schreib.

▶KB8

orange ✦ weiß ✦ gelb ✦ rot ✦ schwarz ✦ blau ✦ braun ✦ grün

1. die Nacht: ______
2. Bananen: ______
3. Cola: ______
4. Milch: ______
5. Salat: ______
6. Äpfel: grün, gelb oder ______
7. Orangen: ______
8. ein See: grün oder ______

9 Das ist Sinan – Ergänze den Text.

▶KB9

kann ✦ mag ✦ Klasse ✦ gefällt ✦ schwarz ✦ Salat ✦ ~~groß~~ ✦ Hobby ✦ Haare ✦ sportlich ✦ findet

Das ist Sinan. Er ist groß ______ (1) und seine ______ (2) sind schwarz. Seine Augen sind auch ______ (3). Sinan geht in meine ______ (4). Ich finde ihn nett, und ______ (5) ist er auch. Ihm ______ (6) Hip Hop und er ______ (7) den FC Bayern gut. Er ______ (8) Pizza, aber er isst auch gern ______ (9). Sinan ______ (10) gut Basketball spielen. Sein ______ (11) ist Computerspielen.

10 Interviewfragen – Ergänze *besser* oder *lieber*.

▶KB10

1. Was gefällt dir besser ______: Gelb oder Grün?
2. Was machst du ______: am Computer spielen oder lesen?
3. Was findest du ______: Schlittschuh laufen oder Skifahren?
4. Was trinkst du ______: Tee oder Saft?

11 Was magst du lieber? Was schmeckt dir besser? Schreib Sätze wie im Beispiel.

▶KB10

1. Pizza – Nudeln – gern – essen – ich
   Ich esse Pizza lieber als Nudeln.
2. Bananen – Orangen – gut – schmecken – mir
   Bananen schmecken mir besser als Orangen.
3. Schwimmen – Reiten – gut – finden – ich
   ______
4. Rap – Pop – gut – gefallen – mir
   ______
5. Gelb – Grün – gern – mögen – ich
   ______
6. Kakao – Kaffee – gut – schmecken – mir
   ______

11 Schule aus – und dann?

1 Lieblingsorte – Was kann man wo machen? Schreib die Orte zu den Aktivitäten.

▶KB1

~~im Eiscafé~~ ✦ zu Hause ✦ im Schwimmbad ✦ im Park ✦ im Kino

1. im Eiscafé ____________: Freunde treffen, ein Eis essen, Kaffee trinken
2. ____________: grillen, Fußballspielen, spazieren gehen
3. ____________: trainieren, schwimmen
4. ____________: einen Film sehen
5. ____________: kochen, Computerspiele spielen

2 a Lies die Forumsbeiträge. Wer muss wie viel zu Hause helfen? Schreib die Namen.

▶KB2

Paul_05 • 23 Beiträge • vor zwei Tagen

Wir sind vier Kinder. Mein großer Bruder ist schon 18 Jahre alt. Er lernt Koch. Deshalb kocht er auch zu Hause oft und ich muss nie in der Küche helfen ☺. Und ich habe noch mehr Glück: Meine Oma wohnt bei uns, sie arbeitet nicht mehr, aber sie liebt Hausarbeit. Deshalb darf ich nie etwas machen ☺! Manchmal gehe ich mit dem Hund spazieren, aber das muss ich auch nicht: Wir haben einen großen Garten, da kann er auch allein raus. Und ihr, müsst ihr zu Hause was machen?

carina • 10 Beiträge • vor einem Tag

Papa und ich, wir wohnen nur zu zweit zusammen. Er arbeitet den ganzen Tag, deshalb muss ich nach der Schule viel machen: die Wäsche aufhängen, die Spülmaschine ausräumen und einräumen ... Manchmal koche ich auch etwas für uns. Und am Wochenende putzen wir immer zusammen die Wohnung. Aber das ist schon okay, mein Vater ist total nett! Und am Sonntag gehen wir immer zusammen ins Restaurant.

Floflo • heute, 17:14

Mann, du musst ja ganz schön viel machen! Ich muss zu Hause nur oft den Müll runterbringen. Aber ich gehe zweimal die Woche nach der Schule zu meinem Uropa und helfe ihm. Dann kaufe ich für ihn ein, decke den Tisch und wir essen zusammen zu Abend. Manchmal mähe ich auch den Rasen. Die anderen Tage gehen meine Eltern oder meine Schwester zu ihm und ich habe Zeit für meine Hobbys ☺.

Viel: ____________ Nicht so viel: ____________ Wenig: ____________

b Lies die Beiträge aus 2a noch einmal. Ergänze die Namen.

1. ____________ arbeitet manchmal im Garten.
2. ____________ hat keine Geschwister.
3. ____________ hat eine große Familie.
4. ____________ mag den Papa.
5. ____________ macht viel für einen alten Verwandten.
6. ____________ hat ein Haustier.

11

3 Welche Antwort passt? Kreuze an.

▶KB3

1. ● Möchtest du etwas trinken?
   - [X] ○ a Nein danke, ich habe keinen Durst.
   - [ ] ○ b Gern, ich habe so einen Hunger!
2. ● Möchtest du Kuchen? Im Wohnzimmer ist noch etwas.
   - [ ] ○ a Ich muss noch meine Freundin besuchen.
   - [ ] ○ b Nein danke, ich möchte jetzt nichts.
3. ● Komm, wir müssen los! Hast du alles?
   - [ ] ○ a Suchst du etwas?
   - [ ] ○ b Warte, ich muss noch schnell etwas holen.
4. ● Verstehst du die Grammatik?
   - [ ] ○ a Nein, die Grammatik ist so schwer, da verstehe ich nichts.
   - [ ] ○ b Ich finde hier nie etwas! Jetzt ist auch noch mein Deutschbuch weg!

4 Lies Pits E-Mail und ergänze *alles*, *etwas* oder *nichts*.

▶KB3

Liebe Oma,

der Tag heute ist perfekt! Alles (1) ist gut. Papa hat frei. Er ist in der Küche und kocht ____________ (2) für uns. Heute gibt es mein Lieblingsessen: Spinat, Kartoffeln und Eier! Lecker! Wir essen sicher ____________ (3) und nach dem Essen ist ____________ (4) mehr da ☺. Die Wohnung ist sauber und ich muss heute ____________ (5) zu Hause machen ... In der Schule war es auch okay. Gestern hatten wir einen Test in Mathe. Mathe kann ich sehr gut, aber eine Aufgabe war nicht so leicht und ich hatte ein bisschen Angst, ich mache ____________ (6) falsch. Aber nein, ich habe ____________ (7) richtig! Und wie geht es dir? Ist ____________ (8) okay? Oder brauchst du ____________ (9)? Dann ruf mich an!

Liebe Grüße

Pit

5 a Welches Verb passt nicht? Streiche es durch.

▶KB4

1. ein Theaterstück — proben – zeigen – spielen – ~~arbeiten~~ – auswählen
2. mit Partner — klettern – finden – trainieren – üben
3. Themen — treffen – sammeln – recherchieren – suchen
4. ein Fahrrad — kaufen – reparieren – fahren – verstehen
5. einen Preis — gewinnen – bekommen – haben – schreiben

b **In welcher AG macht man das? Ordne zu.**

Schwimm-AG ✦ Journalismus-AG ✦ ~~Musical-AG~~ ✦ Theater-AG ✦ Koch-AG

1. ein Stück aussuchen, singen üben: in der Musical-AG
2. Themen suchen, recherchieren, schreiben: ____________
3. Salat putzen, Karotten schneiden: ____________
4. Text lernen, ein Märchen spielen: ____________
5. trainieren, für den Wettkampf üben: ____________

c **Der Chor – Ergänze den Text.**

Spaß ✦ Singen ✦ Preis ✦ Samstag ✦ Treffen ✦ Sänger ✦ ~~Chor~~ ✦ Musikraum ✦ Jungen ✦ Konzert

Das ist mein Chor (1). Wir proben immer am Mittwoch im ____________ (2). Und manchmal gibt es auch ein Chor-Wochenende, da proben wir dann den ganzen ____________ (3) und den Sonntagvormittag. Wir sind dreißig Sängerinnen und ____________ (4). Zweiundzwanzig Mädchen und acht Jungen. Warum so wenig ____________ (5)? Ich verstehe das auch nicht. ____________ (6) ist doch cool! Beim Schulfest machen wir ein ____________ (7) mit Liedern aus Musicals, das macht total viel ____________ (8)! Im Sommer fahren wir zu einem ____________ (9) von Chören in Frankfurt. Vielleicht gewinnen wir da sogar einen ____________ (10)!

6 **a** **Ergänze die passenden Nomen.**

▶KB5

Essen ✦ Geld ✦ Spaß ✦ ~~Arbeit~~ ✦ Freunde

1. Ohne Arbeit hat man zu wenig Geld.
2. Ohne ____________ kann man nichts zum Essen einkaufen.
3. Ohne ____________ kann man nicht leben.
4. Ohne ____________ ist man allein.
5. Ohne ____________ ist das Leben langweilig.

b ***Ohne mein … kann ich nicht …* – Verbinde und schreib Sätze wie im Beispiel.**

~~Zähne~~ Mund Hände Augen Kopf Füße Ohren

sprechen hören gehen lernen sehen schreiben ~~essen~~

Ohne meine Zähne kann ich nicht essen.

____

____

____

____

____

____

c **Endlich Ferien! – Ergänze die passenden Endungen. Manchmal brauchst du keine Endung!**

Super, endlich Ferien! Ohne d<u>ie</u>__ (1) Tests in der Schule geht es mir gleich viel besser! Aber ich finde es langweilig ohne mein____ (2) Freunde. Ich darf leider noch nicht ohne mein____ (3) Eltern wegfahren. Mein Bruder darf das, er geht in ein Camp. Aber ohne mein____ (4) Bruder ist es nicht so lustig! Unser____ (5) Hund darf ich auch nicht mitnehmen. Ohne d____ (6) Hund fehlt mir etwas! Und ohne mein____ (7) Computerspiele ist es so langweilig! Meine Mutter fährt nie ohne ein____ (8) Buch in den Urlaub. Aber ich lese nicht gern, ich sehe lieber Serien. Und dann schlafe ich immer ganz lang und bin am Morgen total müde. Mein Vater ist morgens ohne sein____ (9) Kaffee immer müde. Wir fahren nach Italien, er liebt den Kaffee in Italien! Aber ich esse lieber Eis. Ohne mein____ (10) Eis am Strand ist es für mich kein Urlaub!

7 Schreib die Antworten wie im Beispiel.

▶KB6

1. Mit wem trainiert ihr? (die Sportlehrerin) Mit der Sportlehrerin.
2. Mit wem telefonierst du? (eine Freundin) ______________________
3. Mit wem kletterst du? (ein Kletterpartner) ______________________
4. Mit wem spricht dein Vater? (die Direktorin) ______________________
5. Mit wem gehst du spazieren? (der Hund) ______________________
6. Mit wem kochst du heute? (du) ______________________
7. Mit wem spielt ihr heute Fußball? (ihr) ______________________

8 a Ergänze *in*, *vor* oder *nach*.

▶KB8

1. In ______ einer Woche ist sein Konzert.
2. ______ dem Konzert muss er noch viel üben.
3. ______ dem Konzert feiert er dann mit allen.
4. ______ drei Wochen ist unser Wettkampf.
5. ______ dem Wettkampf haben wir noch drei Mal Training.
6. ______ dem Wettkampf haben wir dann Sommerpause.
7. ______ den Ferien beginnt das Training wieder.
8. ______ einer Stunde muss ich nach Hause gehen.
9. Um sechs Uhr, ______ dem Abendessen, muss ich zu Hause sein.
10. ______ dem Abendessen sehe ich fern, dann gehe ich ins Bett.

b Schreib die Sätze wie im Beispiel. Achte auf die Endungen!

1. vor – die Schule – ich – frühstücken
   Vor der Schule frühstücke ich.
2. nach – die Schule – ich – meine Oma – besuchen
   ______
3. in – eine Stunde – ich – zu Mittag – essen
   ______
4. nach – das Mittagessen – ich – Freunde treffen
   ______
5. nach – die Hausarbeit – ich – ins Kino – gehen
   ______
6. in – drei Tage – wir – ein Englischtest – schreiben
   ______

c Was machst du wann? Ergänze die Sätze frei.

1. Vor dem Test ______
2. Nach der Schule ______
3. Vor dem Abendessen ______
4. Nach dem Abendessen ______
5. In einer Woche ______
6. In einem Monat ______
7. In einem Jahr ______

9 a Wie komme ich zu …? – Ergänze die Wörter.

▶KB9

links ✦ geradeaus ✦ rechts

1. ↑ ____________ 2. ↱ ____________ 3. ↰ ____________

b Du stehst vor der Schule. Ergänze die Wegbeschreibung zum Kino.

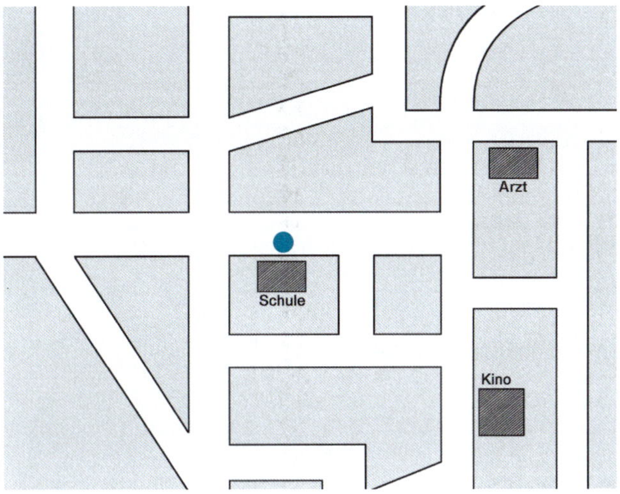

● Wo ist d _ _ Kino, bi _ _ _?

○ D _ gehst hi _ _ gerade _ _ _ und dann re _ _ _ _.
Dann ge _ _ _ du lin _ _ und dann wie _ _ _ rechts.
Da ist dann sch _ _ das Ki _ _.

○ All _ _ klar, da _ _ _!

c Ordne und schreibe die Wegbeschreibung von der Schule zum Arzt. Der Plan in 9b hilft.

Jetzt bist du schon da: Der Arzt ist rechts. ✦ Du gehst zuerst geradeaus, und dann links. ✦ Wir sind hier vor der Schule. ✦ Danach gehst du rechts.

Wir sind hier … ____________________

____

____

____

d Der Schulweg von Linus – Ergänze.

brauche ✦ Danach ✦ wieder ✦ Haus ✦ wohne ✦ Uhr ✦ Fuß ✦ Minuten ✦ U-Bahn ✦ schon

Das ist mein Schulweg: Ich ____________ (1) in der Rudi-Dutschke Straße Nummer 7. Zuerst gehe ich aus dem ____________ (2) und dann links. Ich gehe fünf ____________ (3) zur U-Bahn-Haltestelle. Ich gehe rechts, dann links und dann ____________ (4) rechts. Ich nehme die ____________ (5) Linie 4 und fahre fünf Minuten. ____________ (6) gehe ich noch sieben Minuten immer geradeaus zu ____________ (7). Und dann bin ich ____________ (8) da. Für meinen Schulweg ____________ (9) ich also siebzehn Minuten.
Die Schule beginnt um 8 ____________ (10), und ich stehe immer um zwanzig vor acht auf ☺ …

12 Ab in die Ferien!

1 a Was sagen Mia und Sinan über ihre Ferien? Ergänze.

▶KB1

Wir ma _ _ _ _ Urlaub in den Be _ _ _ _ in Zermatt. Da w _ _ ich noch nie.
Aber ich li _ _ _ die Be _ _ _. Wir ge _ _ _ auf jeden Fall kl _ _ _ _ _ _.

Wir machen in Berlin Url _ _ _. Wir bes _ _ _ _ _ Verwandte. Ich habe viele Cou _ _ _ _ in Berlin. Ich freue mich schon. End _ _ _ _ mal wi _ _ _ _ in die Haupt _ _ _ _ _!

b Sieh die Karte an und ergänze die fehlenden Informationen in den Sätzen.

1. Hamburg liegt im Norden von ______________.
2. ______________ liegt im Norden von der Schweiz.
3. Kassel liegt ______ ______ __________ von Deutschland.
4. ______________ liegt im Westen von der Schweiz.
5. Bonn liegt ______ ____________ von Deutschland.
6. ______________ liegt im Westen von Österreich.
7. Wien liegt im Osten von ______________.

2 a Ergänze die Sätze mit den Verben in der richtigen Form.

▶KB2

machen ✦ spielen ✦ malen ✦ tanzen ✦ ~~telefonieren~~ ✦ kaufen

1. ● Ich muss nach Hause. _Telefonieren_ wir gleich? – ○ Okay, ruf mich an!
2. ● In den Ferien will ich jeden Tag Volleyball __________. – ○ Ich auch.
3. ● Ich habe nicht genug Kleidung für den Urlaub. – ○ Dann __________ wir heute einen Pulli für dich.
4. ● Meine Schwester will immer mit mir Bilder __________. – ○ Wie langweilig.
5. ● Wollen wir heute Abend zusammen Pizza __________? – ○ Oh ja, ich helfe dir.
6. ● Ich mache in den Ferien einen Hip-Hop- Kurs. – ○ Danach kannst du sicher sehr gut __________.

b Was gehört zusammen? Verbinde.

1. Jannik hat in den Ferien jeden Tag Basketball	A gelernt.
2. Mias Vater hat im Urlaub manchmal am Computer	B gekauft.
3. Im Zug nach Berlin hat Sinan mit Kopfhörern Musik	C gearbeitet.
4. Paula hat auch in den Ferien Vokabeln	D gespielt.
5. In einem Kiosk am Strand hat Clara ein Buch	E gehört.

3 a Ergänze die Sätze.

▶KB3

gekocht ✦ gespielt ✦ gekauft ✦ gelernt ✦ gehört

1. Valentina hat im Supermarkt Gemüse ________________.
2. Dann hat sie eine Suppe ________________.
3. Danach hat sie Mathe ________________.
4. Um 17 Uhr hat sie Volleyball ________________.
5. Am Abend hat sie Musik ________________.

b Schreib die Sätze aus 3a in die Tabelle.

	haben		Partizip II
1. Valentina	hat	im Supermarkt Gemüse	gekauft.
2.			
3.			
4.			
5.			

4 Was gehört zusammen? Verbinde Infinitiv und Partizip II und notiere die Formen.

▶KB4

arbeiten · ~~gehört~~ · telefoniert · organisieren · telefonieren · fotografieren · malen · geredet · ~~hören~~ · reden · kaufen · organisiert · fotografiert · spielen · gemalt · gearbeitet · gespielt · gekauft

hören – gehört ________________ ________________

________________ ________________ ________________

________________ ________________ ________________

5 Was hat Marie in den Ferien gemacht? Schreib Sätze.

▶KB4

1. Marie – mit Henri – telefonieren — Marie hat mit Henri telefoniert.
2. Sie – Ausflüge mit der Familie – machen ________________
3. Sie – eine Party für Opa –organisieren ________________
4. Auf Opas Party – Marie – viel – tanzen ________________
5. Sie – Opa – oft – fotografieren ________________
6. Marie – in den Ferien auch – Mathe – lernen ________________

6 Paulas Tag – Was hat sie gestern gemacht? Schreib sechs Sätze.

▶KB4

~~Um … Uhr~~ ✦ Am Abend ✦ Dann ✦ Nach dem Frühstück ✦ Am Nachmittag ✦ Danach ✦ Später ✦ …

9 Uhr	frühstücken
10 Uhr	mit Sophie telefonieren
15 Uhr	Klavier üben
16:30 Uhr	trainieren
19 Uhr	im Garten grillen
21 Uhr	mit Sophie chatten

1. Um neun Uhr hat Paula gefrühstückt.
2. ______
3. ______
4. ______
5. ______
6. ______

7 a Welcher Satz passt zu welchem Bild? Verbinde.

▶KB5

Wohin?

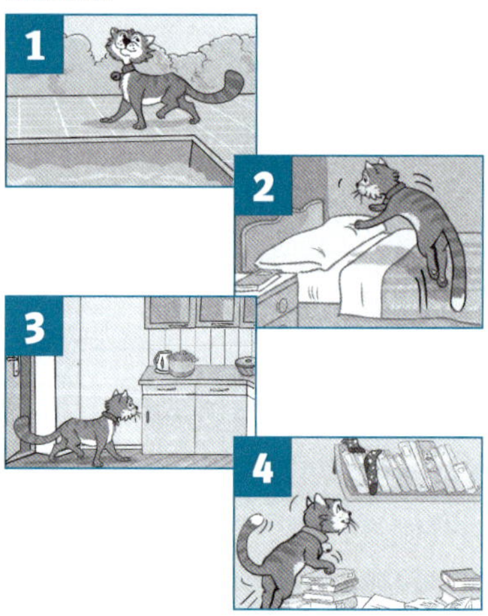

A Die Katze sitzt am Pool.
B Die Katze springt auf das Bett.
C Die Katze isst in der Küche.
D Die Katze geht an den Pool.
E Die Katze spielt auf den Büchern.
F Die Katze liegt auf dem Bett.
G Die Katze geht in die Küche.
H Die Katze springt auf die Bücher.

Wo?

b Lies noch einmal die Sätze in 7a und ergänze die Tabelle.

Wohin?	***in, an, auf* + Akkusativ**	**Wo?**	***in, an, auf* + Dativ**
der Pool	an den Pool	der Pool	
das Bett		das Bett	auf dem Bett
die Küche		die Küche	
die Bücher		die Bücher	auf den Büchern

8 a Was passt? *An, auf* oder *in*? Kreuze an.

▶KB5

1. Kim und Leo gehen ☐ an ☐ in den Strand.
2. Marie klettert ☐ an ☐ auf den Berg.
3. Henri hört ☐ in ☐ auf dem Balkon Musik.
4. Lars sammelt ☐ im ☐ am Wald Pilze.
5. Lukas fährt ☐ ans ☐ ins Meer.

b Was passt? Ergänze.

am ✦ im ✦ an der ✦ ins ✦ auf der ✦ in den

1. ● Wo ist mein Rucksack? ○ Er liegt __________ Spülmaschine.
2. ● Wohin gehst du jetzt? ○ Ich gehe __________ Garten.
3. ● Warst du schon mal __________ Wald Pilze sammeln? ○ Nein, noch nie.
4. ● Wo warst du in den Ferien? ○ Ich war wieder __________ Ostsee.
5. ● Komm, wir gehen __________ Meer. ○ Nein, das Wasser ist viel zu kalt!
6. ● Wo Wohnt Julian? ○ Ganz einfach. Er wohnt __________ Bahnhof.

9 a Lies die Postkarte und die Aussagen. Was ist richtig? Kreuze an.

▶KB6

Liebe Nelly,
ich bin in Salzburg in Österreich. Die Stadt ist super! Aber das Wetter ist schlecht. Es regnet nur. Heute gehen wir ins Mozart-Museum. Ich freue mich schon. Ich habe auch schon viel fotografiert. Morgen fahren wir nach Deutschland an den Königsee. Wir besuchen meine Tante Elke. Ich war einmal dort. Der Königsee und die Berge sind sehr schön. Ich bin am Sonntag wieder da.
Bis bald, Luisa

1. Luisa findet Salzburg
   [a] nicht gut. [b] gut.
2. Das Wetter ist
   [a] super. [b] nicht schön.
3. Das Mozart-Museum ist
   [a] in Salzburg. [b] am Königsee.
4. Luisa kennt den Königsee
   [a] schon. [b] noch nicht.

b Schreib eine Postkarte.

Liebe(r) __________,

viele Grüße aus __________. Hier ist es __________.

Das Wetter __________________________. 

Ich war schon __________________________. 

Morgen gehen __________________________. 

Ich bin __________________________ zu Hause.

Bis __________, __________

10 *sie*, *er* oder *man*? Ergänze die Sätze.

▶KB6

1. ● Kann ________ von München die Alpen sehen? ○ Ja, manchmal.
2. ● Jan ist müde. ○ Dann muss ________ schlafen.
3. ● In dem Café kann ________ super Kuchen essen. ○ Wie heißt das Café?
4. ● Olivia ist krank. ________ kann nicht mitkommen. ○ Oh, wie schade.

11 Was passt? Kreuze an.

▶KB6

1. ● Mama, fliegen wir wieder ☐ nach ☒ in die Türkei? ○ Nein. Wir bleiben hier.
2. Mein Vater fährt jeden Tag ☐ von ☐ nach Augsburg ☐ in ☐ nach München.
3. ● Wie kommt ihr ☐ in die ☐ nach Schweiz? ○ Mit dem Auto.
4. ☐ Nach ☐ Von Hamburg ☐ nach ☐ von München fährt der Zug sechs Stunden.

12 a Suche zehn Speisen und Getränke.

▶KB7

	A	B	C	D	E	F	G	H	I	J
1	O	K	L	I	M	O	B	A	P	L
2	T	U	K	L	I	W	E	N	I	E
3	A	C	H	U	N	S	T	U	Z	I
4	C	H	E	M	E	P	R	A	Z	S
5	Z	E	C	K	R	K	A	K	A	O
6	E	N	T	R	A	S	N	I	L	P
7	H	I	L	F	L	T	O	L	E	S
8	B	R	A	T	W	U	R	S	T	U
9	R	A	U	G	A	M	S	E	T	P
10	A	L	W	U	S	U	P	P	E	I
11	C	O	L	A	S	E	J	U	R	N
12	H	T	I	D	E	N	O	L	A	N
13	K	A	F	O	R	F	A	T	E	E

b Ergänze die Speisen und Getränke aus 12a.

1. ein Stück ____________
2. eine Tasse ____________
3. eine Flasche Limo
4. ein ____________
5. eine ____________

____

c Wer sagt das? Kellner (K) oder Gast (G)? Notiere.

1. G Ich habe keinen Durst.
2. ___ Was möchtet ihr?
3. ___ Stimmt so.
4. ___ Zusammen oder getrennt?
5. ___ Ich möchte zahlen.
6. ___ Möchtest du auch etwas trinken?
7. ___ Das macht 5,50 €.
8. ___ Ich hätte gern eine Suppe und einen Apfelsaft.
9. ___ Getrennt, bitte.
10. ___ Tut mir leid, Suppe haben wir nicht mehr.

d Ergänze den Dialog.

Guten Tag, was möchtest du? ✦ Currywurst haben wir nicht mehr. ✦ Schade, dann nehme ich eine Bratwurst. ✦ Ich trinke nichts, danke.

● ____________
○ Guten Tag. Ich hätte gern eine Currywurst.
● Tut mir leid. ____________
____
○ ____________
____
● Möchtest du auch etwas trinken?
○ ____________
● Also dann eine Bratwurst. Das bringe ich sofort.
○ Danke.

13 **a** **Lies die Sätze. In jedem Satz ist eine Information falsch. Streich durch und ergänze den Satz mit der richtigen Information aus einem anderen Satz.**

▶KB8

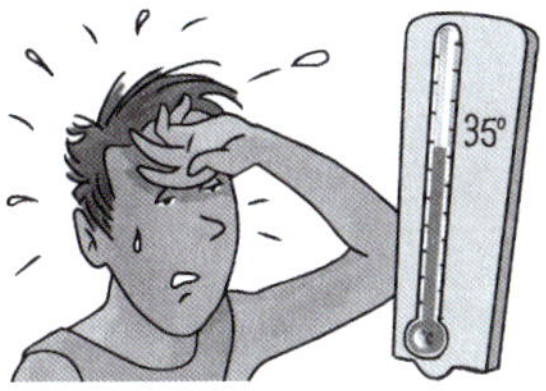

1. Es ~~sind 22 Grad~~.
   ist heiß. ______________________

2. Es ist kalt und es scheint.
   ____

3. Die Sonne regnet.
   ____

4. Es schneit.
   ____

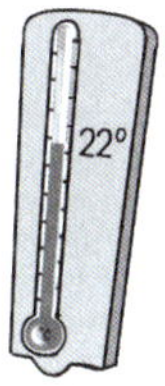

5. Es ist heiß.
   ____

b **Wie ist das Wetter? Ordne zu.**

A Es regnet. Es sind 20 Grad.
B Die Sonne scheint. Es ist heiß, 33 Grad.
C Es ist warm. Es sind 24 Grad.
D Es regnet. Es ist kalt. Es sind nur 15 Grad.

1. Rostock: ______
2. Frankfurt: ______
3. Weimar: ______
4. Freiburg: ______

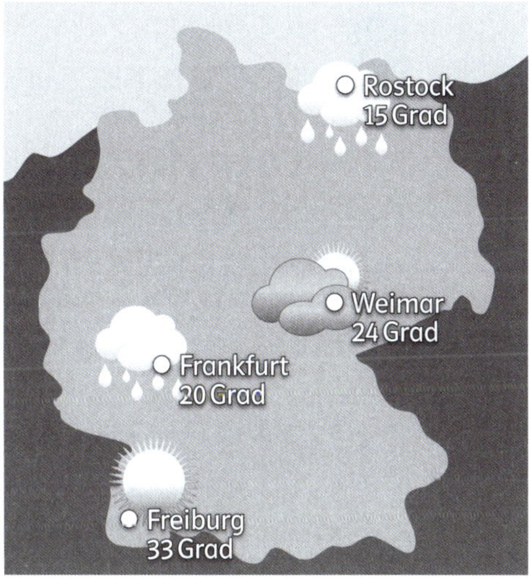

c **Was sagen die Jugendlichen über das Wetter im Urlaub? Ergänze.**

scheint ✦ Grad ✦ schön ✦ Wetter ✦ Schnee ✦ heiß ✦ regnet ✦ warm ✦ kalt

1 Das __________ hier ist super! Es ist __________, 24 Grad, und die Sonne __________. Perfekt!

2 So ein Mistwetter hier! Es __________ jeden Tag und es ist __________, nur 15 Grad! Das ist doch kein Sommer!

3 Es ist so __________ hier. Heute sind es 36 __________.

4 Es ist __________ hier in den Bergen, Sonne und 26 Grad. Aber ganz oben auf den Bergen liegt __________!

Lösungen

Kapitel 1

1 1. Schauspieler, 2. Sängerin, 3. Geld, 4. Deutschland, 5. die Schweiz, 6. Österreich, 7. Schokolade, 8. Kaffee, 9. Cola, 10. Fußball, 11. Basketball, 12. Auto

2 1. Guten Morgen. 2. Guten Tag. 3. Guten Abend.

3 1. Morgen, Guten; 2. Hallo, Marie;
3. Wiedersehen, Frau; Tschüs

4 ☺ Danke, gut.; Gut, und dir?; Sehr gut.
😐 Passt.; Geht so.

5 1. ● Hi Linus!
2. ○ Hallo Max, wie geht's?
3. ● Sehr gut, und dir?
4. ○ Danke, gut. Bis später!
5. ● Tschüs!

6 1. ● Hier, bi**tte**! – ○ Oh, da**nke**. Wi**e** heißt **du**? –
● I**ch** hei**ße** Jannik.
2. ○ Ha**llo** Jannik, i**ch** bi**n** Sinan u**nd** das i**st** Luis. –
○ Ha**llo**.
3. ■ **Und** we**r** **ist** da**s**? – ● **Das** ist Bernie.

7 1. Wie, Ich; 2. Wer, Das, 3. Was, Das

8 1. ● Hallo, ich heiße Finn. Und wie heißt du?
2. ○ Ich heiße Mira.
3. ● Und wer ist das?
4. ○ Das ist Lara.

9 Aa Bb **Cc** Dd **Ee** Ff Gg **Hh** Ii **Jj** Kk Ll Mm **Nn** Oo Pp
Qq **Rr** Ss Tt Uu **Vv** **Ww** Xx Yy **Zz**
Ää Öö **Üü** ßß

10 dreizehn – drei – vierzehn – zehn – zwei – neun

11 1. ● Wie alt bist du?
2. ○ Ich bin 13 Jahre alt. Und du?
3. ● Ich bin 14. Wie ist deine Nummer?

12 1. Ja, 2. man, 3. bitte, 4. ist

13 2. C, 3. A, 4. B

14

2. ● Wie heißt du? –	○ Ich heiße Marie.
3. ● Was ist das? –	○ Das ist Schokolade.
4. ● Wie alt bist du? –	○ Ich bin 14 Jahre alt.
5. ● Wie ist deine Telefonnummer? –	○ Meine Nummer ist 0156 744 901

Kapitel 2

1 1. singen, 3. schwimmen, 4. Musik hören, 5. Tennis spielen, 6. fotografieren, 7. Gitarre spielen, 8. joggen

2a 1. B, 2. D, 3. A, 4. F, 5. C, 6. E

2a

Wer	ist	das?
Was	machst	du gern?

Gehst	du	ins Lessing-Gymnasium?
Machst	du	gern Sport?
Hörst	du	gern Musik?

3 1. du, 2. Du, 3. Ich, 4. du, 5. ich, 6. du

4a 1. Jana, 2. Rafael, 3. Jana, 4. Jana

4b ist, geht, wohnt, spielt, hört

4c 1. mach**t**, fotografier**t**, Fotografier**st**; 2. spiel**st**, spiel**e**; 3. sing**t**, spiel**t**; 4. komm**t**, wohn**t**; 5. jogg**e**, Jogg**st**

4d 1. heiße/bin, 2. bin, 3. wohne, 4. gehe, 5. ist, 6. höre, 7. ist, 8. ist, 9. spielt, 10. bist, 11. machst

5

1. Ich	komme	aus Spanien.
2. Helena	spielt	gern Gitarre.
3. Du	spielst	nicht gern am Computer.
4. Karim	ist	13 Jahre alt.
5. Ich	gehe	in die Klasse 7b.

6a 16, 74, 31, 55, 11, 92, 23, 100

6b 1. siebenundvierzig, 2. 33, 3. drei, 4. dreizehn, 5. einundfünfzig, 6. 69, 7. achtzehn, 8. 25, Lösung: 14/vierzehn

7a Dänemark, Griechenland, Österreich, Türkei, Italien, Kanada, Spanien, Polen, Syrien

7b 1. Französisch, 2. Spanisch, 3. Deutsch, Französisch, Italienisch, Rätoromanisch 4. Chinesisch, 5. Persisch, 6. Türkisch, 7. Spanisch, 8. Englisch, Französisch

8a 1. r, 2. f, 3. r, 4. f, 5. f

8b offene Aufgabe

Kapitel 3

1a 2. Lehrer, 3. Hausaufgaben, 4. Essen, 5. singe, 6. Orchester, 7. Sommer, 8. heißt, 9. Klasse, 10. sind, 11. Lieblingsfach

1b 1. f, 2. r, 3. r, 4. f, 5. f, 6. r, 7. r

2a 1. Sport, 2. Kunst, 3. Musik, 4. Französisch, 5. Deutsch, 6. Englisch, 7. Mathematik, 8. Chemie, 9. Biologie

2b Musterlösung: Religion, Geografie, Physik, Geschichte, Politik, Informatik, Sozialkunde, …

3a 2. der Schlüssel, 3. das Lineal, 4. die Schere, 5. der Füller, 6. das Handy, 7. die Fahrkarte, 8. das Wörterbuch, 9. der Bleistift, 10. der Radiergummi

3b Musterlösung: das Heft, das Buch, der Marker, der Orangensaft, die Fahrkarte

3c 1. ● Wie heißt das auf Deutsch? – ○ Keine Ahnung.
2. ● Was ist das? – ○ Das ist das Lineal.
3. ○ Und was ist das? – ○ Ich weiß nicht.

4a **der:** der Bleistift, der Radiergummi, der Füller, der Schlüssel, der Tisch, der Stuhl, der Apfel, der Orangensaft, der Marker; **das:** das Handy, das Wörterbuch, das Lineal, das Pferd, das Mäppchen; **die:** die Schere, die Fahrkarte, die Wand, die Tafel, die Tür, die Lampe

4b **der:** der Tee, der Schauspieler, der Kaffee, der Herr; **das:** das Essen, das Kino, das Auto, das Hobby; **die:** die Frau, die Sängerin, die Familie, die Adresse

5 2. Sie, 3. du, 4. Sie, 5. Ich, 6. wir, 7. ihr, 8. Es, 9. Sie

6a 2. Ich sehe gern Serien. 3. Ich gehe in die Klasse 8a. 4. Ich komme aus Polen. 5. Ich wohne in Berlin. 6. Ich lerne auch Französisch.

6b Wir sehen gern Serien. 3. Wir gehen in die Klasse 8a. 4. Wir kommen aus Polen. 5. Wir wohnen in Berlin. 6. Wir lernen auch Französisch.

6c 2. Spielt ihr Gitarre? 3. Geht ihr ins Brecht-Gymnasium? 4. Fotografiert ihr gern? 5. Lest ihr gern Bücher?

7 A 2. komme, 3. bist, 4. bin, 5. ist, 6. ist;
B 1. heiße, 2. heißen, 3. ist, 4. Sind, 5. sind
C 1. sind, 2. wohnen, 3. spielen, 4. machen, 5. hören, 6. sehen

8 drei Stundenpläne, vier Füller, fünf Gläser, sechs Stifte, sieben Kartoffeln, acht Äpfel, neun Hefte, zehn Kulis

9a 1. 13:05 Uhr, 2. Stunden, 3. Dienstag, Donnerstag, 4. Chor., 5. Freitag, 6. Sozialkunde, Geografie, 7. Musik

9b offene Aufgabe

10 2. habt, 3. haben, 4. hast, 5. habe, 6. hast, 7. hat, 8. Hast, 9. habe, 10. Habt, 11. haben, 12. haben

11 2. Das ist keine Uhr, das ist ein Handy.
3. Das sind keine Füller, das sind Kugelschreiber.
4. Das ist kein Saft, das ist eine Cola.
5. Das sind keine Äpfel, das sind Kartoffeln.
6. Das ist kein Rucksack, das ist eine Schultasche.

12 1. keine, 2. die, eine, die, 3. ein, kein, 4. die, keine, 5. ein, das, 6. eine, eine

Kapitel 4

1a 1 G–J Wort, 2 C–H Schule, 3 F–I Verb, 4 B–E Kino, 6 A–D Cola, 8 A–J Supermarkt 10 A–D Club, E 3–9 Popcorn, F 6–10 Nomen, G 4–10 Fußball, H 5–9 Sport, I 4–7 Film, J 4–8 Salat

1b 1: Club, Fußball, Sport; 2: Wort, Schule, Verb, Nomen; 3: Banane, Cola, Supermarkt, Salat; 4: Kino, Popcorn, Film

2 1. schlafen, 2. duschen, 3. frühstücken, 4. Bus fahren, 5. Marie treffen, 6. an Marie schreiben

3a 1. C; 2. F; 3. H; 4. A; 5. D; 6. B; 7. E; 8. G

3b 2. nimmt, 3. liest, 4. fährt, 5. fahre, 6. nehmt, 7. Triffst, 8. lesen

3c

ich	lese	treffe	fahre	nehme
du	liest	triffst	fährst	nimmst
er/es/sie	liest	trifft	fährt	nimmt
wir	lesen	treffen	fahren	nehmen
ihr	lest	trefft	fahrt	nehmt
sie/Sie	lesen	treffen	fahren	nehmen

3d 1. isst, 2. Triffst, 3. Nimmst, 4. lesen, 5. Fahrt, 6. schlafe, 7. habt, 8. sind

3e 1. schläft, 2. liest, liest, 3. essen, Esst, 4. nimmt, nehmen, 5. trifft, triffst

4 1. am Morgen, 2. am Vormittag, 3. am Mittag, 4. am Nachmittag, 5. am Abend, 6. in der Nacht

5a 1. C, 2. B, 3. E, 4. A, 5. D

5b 1. halb neun, 2. Viertel nach zehn, 3. zehn vor fünf, 4. zwanzig nach drei, 5. zwanzig vor sechs

5c 1. … fünf Uhr. 2. … zehn nach zwölf. 3. … Viertel nach acht. 4. … zwanzig nach sieben. 5. … Viertel vor drei. 6. … halb zehn

5d 1. Es ist halb zwei. 2. Es ist achtzehn Uhr vierzig. 3. Es ist fünf nach neun. 4. Es ist fünfzehn Uhr fünfundvierzig. 5. Es ist zweiundzwanzig Uhr zehn.

6a 1. halb sieben, 2. sieben Uhr, 3. Mittag, 4. Nachmittag, 5. Abend, 6. halb zehn

6b 2. Um sieben Uhr frühstückt Smilla.
3. Am Mittag hat Smilla eine Stunde Pause.
4. Am Nachmittag geht Smilla zum Basketballtraining. 5. Am Abend sieht Smilla einen Film.
6. Um halb zehn schläft Smilla.

7a 1. am, am, 2. am, 3. von … bis, 4. um, bis, 5. von … bis, 6. um

7b offene Übung

8a 1. f, 2. f, 3. r, 4. f, 5. r, 6. r, 7. f

8b steht … auf., schläft, frühstückt, trinkt, isst, holt … ab, gehen, kauft … ein, kauft, geht, kommt … mit, hat, spielt, macht, sieht … fern, ruft … an.

8c auf|stehen, ab|holen, ein|kaufen, mit|kommen, fern|sehen, an|rufen

8d 2. Wanda schläft, 3. du frühstückst, 4. Piet kauft ein, 5. Lilli kommt mit, 6. du hast, 7. Ellen sieht fern, 8. ihr ruft an

8e

Wir	stehen	am Wochenende um 10 Uhr	auf.
Ich	hole	Elisa und Toni heute Nachmittag	ab.
Felix	ruft	heute Abend Manuel	an.
Die Freunde	sehen	am Samstag zusammen	fern.

9a 2. ins Kino gehen, 3. shoppen gehen, 4. schwimmen gehen, 5. ins Stadion gehen, 6. spazieren gehen, 7. ins Konzert gehen, 8. ins Café gehen

9b ☺: Ja, gerne. Das passt. Ja, super!, In Ordnung. Ja, ich habe Zeit.
☹: Tut mir leid. Ich habe keine Zeit. Das geht nicht.

9c A 7, 1, 5, 3, 6, 8, 2, 4; B 5, 9, 1, 3, 7, 4, 8, 2, 6

9d A Beispiel: Hallo Jack, hier ist Mary. / Hallo Mary. / Hast du Dienstag Zeit? / Ja, ich habe Zeit. / Gehen wir zusammen schwimmen? / Um wie viel Uhr? / Um halb vier. Ist das okay? / Ja, das passt.
B Beispiel: Hallo Carmen, hier ist Adam. / Hallo Adam. / Gehen wir zusammen ins Kino? / Wann denn? / Am Samstag. / Und um wie viel Uhr? / Um 15 Uhr. / Tut mir leid, das geht nicht. Vielleicht um 18 Uhr? / In Ordnung.

Kapitel 5

1a 1. Fisch, 2. Nudeln, 3. Apfel, 4. Reis, 5. Brot, 6. Marmelade, 7. Banane, 8. Birne, 9. Käse, 10. Salat, Lösungswort: Supermarkt

1b 2. die Banane, die Bananen, 3. das Brötchen, die Brötchen, 4. das Brot, die Brote, 5. der Kuchen, die Kuchen, 6. die Nudel, die Nudeln, 7. die Birne, die Birnen, 8. das Ei, die Eier

1c 1. die Bäckerei, 2. die Apotheke, 3. der Supermarkt, 4. die Metzgerei

1d 1. Kilo, 2. Gramm, 3. Liter, 4. Gramm

2 1. C, 2. F, 3. D, 4. E, 5. A, 6. B

3a 1. kauft, 2. bringt mit, 3. machen, 4. backen

3b den, das, die, die

3c 2. Du kaufst den Zucker und das Mineralwasser. 3. Er kauft das Brot und die Schokolade. 4. Wir kaufen den Käse und die Nudeln. 5. Ihr kauft den Kuchen und die Brötchen.

4a 1. das, 2. die, 3. die, den, 4. den, die

4b 1. den, der; 2. das, das; 3. das, den; 4. der, den

5a 1. F, 2. C, 3. D, 4. A, 5. B, 6. E

5b 2. 2,50 €, 3. 0,90 €, 4. 1,10 €, 5. 1,70 €

5c/d 1: ● Was kostet ein Stück Kuchen? –
○ Das ist billig. –
● Ein Stück Kuchen kostet einen Euro.
2: ● Wie viel kostet eine Pizza mit Schinken? –
○ Oh, das ist teuer. –
● Die kostet zehn fünfzig.

6a 1. einen Donut, einen Salat, 2. ein Brötchen, ein Stück, 3. eine Banane, einen Apfel, eine Banane, 4. eine Cola, einen Apfelsaft

6b einen Donut, ein Brötchen, eine Banane

6c 1. eine, 2. einen, 3. ein, 4. –

6d Clara: … eine Suppe, ein Brötchen mit Käse, ein Eis. Sinan: … ein Mineralwasser, einen Salat und Nudeln, einen Apfel

6e 1. ein, einen, 2. ein, 3. einen, eine, 4. ein, ein

7a 1. D, 2. A, 3. B, 4. C

7b
● Ha**llo**, w**as** möchtest **du**?
○ Ha**llo**, ich hä**tte** gern einen Ap**fel**sa**ft**.
● Bitte sch**ön**. Noch et**was**?
○ Nein, d**as** ist al**les**.
● Das ko**stet** 0,60 €.
○ Bi**tte**. Ts**chüs**.

8 1. möchtet, möchten, 2. möchten, 3. Möchte, möchte, 4. möchtest, möchte, 5. möchten

9a 2. Brot, 3. trinke, 4. esse, 5. Salami, 6. Nachmittag, 7. Obst, 8. Manchmal, 9. Abendessen 10. Kartoffeln, 11. Gemüse, 12. gesund

9b 1. aber, 2. und, 3. oder, 4. aber, 5. und

9c 1. Zum Frühstück esse ich ein Müsli oder/und ich esse ein Brot mit Marmelade. 2. Mittags kaufe ich in der Schule ein Sandwich und (ich) trinke Wasser. 3. Ich esse nicht gern Gemüse, aber ich esse viel Obst.

9d nie, manchmal, oft, meistens, immer

10 1. r, 2. f, 3. r, 4. f, 5. r, 6. r

11a 1. einen, keinen, 2. einen Tee, keinen, 3. eine, kein

11b Beispiel: Ich mag Fleisch, aber ich mag keinen Fisch. Zum Frühstück esse ich ein Müsli oder ein Brötchen. Ich trinke oft Mineralwasser, aber ich trinke nie Cola. In der Schule esse ich Obst und ich trinke Wasser.

Kapitel 6

1 1 i**st**, Va**ter**, u**nd**, E**r**, Ja**hre**, i**st**, Ber**uf**, Ho**bby**, Au**to**
2 se**ht**, Bru**der**, sch**on**, d**a**, Fre**und**, Fußb**all**, Schwes**ter**, zw**ölf**, find**et**, bl**öd**, lie**bt**, Kat**ze**

2a 1. Großvater, 2. Mutter, 3. Vater, 4. Tante, 5. Tochter, 6. Cousine

2b Musterlösung: Meine Cousine wohnt in Athen. Meine Mutter heißt Evangelia. Mein Bruder ist 10 Jahre alt. Mein Vater ist Techniker von Beruf.

3a 1. mein, ihr, 2. seine, ihre, 3. eure, unsere, ihr, ihre, unsere

3b 1. mein, sein, 2. Ihre, meine, ihre, 3. euer, unser, unsere, ihr 4. deine, meine, mein, eure, unsere, ihr

4 1. f, 2 r, 3. r, 4. f

5a 1 unseren, seinen, unseren, seinen, unseren, unseren 2 unsere, ihren, Ihr, ihren, ihr, ihre

5b 1. meine, Ihre, ihre; 2. meinen, sein; 3. mein, seine, seinen, seine, Ihr, meine

6a 1. C, 2. F, 3. A, 4. G, 5. B, 6. D, 7. I, 8. E, 9. H

6b 2. Bernies Hundeleine, 3. Millies Karotte, 4. Lollos Lieblingsspielzeug

6c offene Übung

6d 2. Für mein Abendessen brauche ich Brot und Käse.
3. Für meine Party brauche ich Musik.
4. Für meinen Hund brauche ich einen Ball.
5. Für meinen Fisch brauche ich Futter.

7a 2. der Ingenieur, die Ingenieurin, 3. die Künstlerin, der Künstler, 4. der Sekretär, die Sekretärin, 5. die Technikerin, der Techniker, 6. der Kaufmann, die Kauffrau, 7. die Architektin, der Architekt, 8. der Arzt, die Ärztin

7b 2. die Künstlerin/der Künstler, 3. die Schauspielerin/der Schauspieler, 4. die Sekretärin/der Sekretär, 5. die Ärztin/der Arzt

8 1. Seien Sie ruhig! 2. Hab Spaß! Habt Spaß! 3. Hört auf! Hören Sie auf! 4. Sprich langsam! Sprechen Sie langsam! 5. Lern die Wörter! Lernt die Wörter! 6. Lies den Text vor! Lesen Sie den Text vor! 7. Gib das her! Gebt das her! 8. Ruf später an! Ruft später an! 9. Seht jetzt nicht fern! Sehen Sie jetzt nicht fern!

9a 2. nicht, keine, 3. nicht, kein, 4. nicht, keine

9b 2. Doch, 3. Doch, 4. Nein, 5. Nein, 6. Doch, 7. Nein

9c Beispiel: 2. Nein, ich habe keine Zeit, ich schreibe am Montag einen Test. 3. Doch, ich fahre sehr gern Fahrrad! 4. Doch, ich habe einen Hund.

Kapitel 7

1a 1. Schlagzeug spielen, 2. Hiphop trainieren, 3. Bilder malen, 4. Nachrichten schreiben, 5. reiten, 6. tanzen

1b A 2. hört, 3. spielt, 4. sieht … fern,
B 1. hat, 2. geht … spazieren, 3. spielt, 4. singt

2a 1. B+O, 2. O, 3. B, 4. B, 5. O

2b 1 Na**tur**, Sch**ul**gar**ten**, h**abt**, Ga**rten**, Bl**umen**, Ge**müse**, Moch**test**, mit**machen**, A**G**, di**ens**t**ag**s
2 Lie**blings**-AG, i**st**, w**as**, i**hr**, trai**nieren**, le**rnen**, **Techni**k, Ma**chen**, ma**cht**, st**ark**, mi**t**

3a

2. Was	kannst	du	kochen?
3. Wann	könnt	ihr	kommen?
4. Clara	kann	sehr gut Volleyball	spielen.
5. Am Samstag	können	wir Fußball	spielen
6.	Können	die Schüler Deutsch	sprechen?

3b 2. kann, 3. kann, 4. können, 5. kannst, 6. könnt, 7. können, 8. Kannst

3c Beispiel: 1. Meine Mutter kann gut Volleyball spielen. 2. Mein Freund kann gut Skateboard fahren. 3. Mein Bruder kann Klarinette spielen. 4. Mein Vater kann gut Brot backen.

4a 1. Eric kann Klavier spielen. 2. Ich kann um 15 Uhr kommen. 3. Du kannst beim Schulgarten mitmachen. 4. Wir können heute nicht trainieren.

4b Beispiel: 1. Kannst du Suppe kochen? 2. Kann Sinan Basketball spielen? 3. Können Sie Klarinette spielen? 4. Könnt ihr gut singen? 5. Kann Clara Kuchen backen? 6. Kann Mia Hiphop tanzen?

5a 1. wollen, 2. will, 3. will, 4. will, 5. wollen, 6. willst, 7. wollen, 8. Wollt

5b

2. Am Samstag	will	Lars ein T-Shirt	kaufen.
3. Meine Oma	will	Sonntag ihren Geburtstag	feiern.
4. Wann	willst	du die Party	machen?
5.	Wollen	wir in den Park	gehen?

5c 2. will … singen, 3. kann … Skateboard fahren, 4. kann … reiten, 5. will … backen, 6. will … joggen

6a 1. habe, 2. mache, 3. fängt … an, 4. feiern, 5. Garten, 6. Adresse, 7. spielen, 8. Grill, 9. kommen, 10. schreib, 11. Nachricht

6b Beispiel: Liebe Anna,
ich habe Geburtstag und das will ich feiern!
Wann? am 7. August
Wo? in der Weinaustraße 3
Was? Wir machen einen Ausflug. Es gibt Kuchen, Brötchen und Salat.
Kannst du kommen? Ruf mich an.
Meine Nummer ist 01555 674535.
Viele Grüße
Kati

7 Zusagen: 2, 3; Absagen: 1, 4, 5

8a 2. sie, 3. es, 4. mich, 5. dich, 6. euch

8b Pfeil auf: 2. Anne und Feja, 3. das Lineal, 4. ich, 5. du, 6. ihr

8c 1. sehe sie, 2. treffe ihn, 3. rufen dich an, 4. habe es, 5. lade euch ein, 6. verstehe Sie

8d 2. sie, sie; 3. ich, euch; 4. du uns; 5. ihr mich

Kapitel 8

1 Egon hat drei Augen, einen Kopf, drei Zähne, Haare, einen Mund, fünf Beine, fünf Füße
Egon hat keine Nase, keine Ohren, keinen Hals, keinen Bauch, keinen Rücken, keine Arme, keine Hände, keine Finger, keine Knie

2a 1. Mein Kopf tut weh. 2. Mein Bauch tut weh. 3. Ich habe Zahnschmerzen. 4. Ich habe Ohrenschmerzen.

2b 1. geht, 2. Schlecht, 3. los, 4. weh, 5. Schule, 6. Banane, 7. möchte, 8. Hals, 9. trink, 10. mache

3a 1. Müsst, müssen, 2. Musst, muss, 3. muss, müssen

3b 2. Meine Brüder müssen Cola und Saft holen. 3. Was müssen wir einkaufen? 4. Wen müsst ihr noch einladen? 5. Musst du deine Eltern fragen? 6. Müsst ihr um 9 Uhr zu Hause sein?

3c Beispiel: Ich muss einen Kuchen backen. Wir müssen im Supermarkt einkaufen. Meine Freunde müssen die Hausaufgaben machen. Mein Bruder muss zum Arzt gehen. Oma muss ins Training gehen. Oma muss zum Arzt gehen.

3d 1. D, 2. F, 3. A, 4. E, 5. B, 6. C

3e 1. Ich darf spät ins Bett gehen.
2. Papa darf zu Hause arbeiten.
3. Wer darf ein Eis essen?
4. Was dürft ihr für die Party kaufen?
5. Darfst du um zehn Uhr ins Kino gehen?
6. Dürfen Kim und Marie beim Turnier spielen?

3f ka**nn**, Par**ty**, Fie**ber**, dar**f**, tan**zen**, Be**tt**, blei**ben**, Lie**be** Grü**ße**

3g Liebe/Lieber …, danke für die Einladung zur Party! Leider kann ich nicht kommen. Ich bin erkältet und habe Fieber. Morgen muss ich zu Hause bleiben. Liebe Grüße

4a 2. war, 3. hatte, 4. hatten, 5. hatten, 6. war, 7. war, 8. war, 9. hatten, 10. hatten, 11. war, 12. hatten

4b 2. Hattet ihr gestern auch Deutsch?
3. Wart ihr gestern auch im Training?
4. War gestern deine Oma auch da?
5. Hattest du gestern auch eine AG?
6. Waren gestern auch deine Eltern weg?

4c 1. Unfall, 2. leid, 3. schlimm, 4. weh, 5. Besserung, 6. Krankenhaus, 7. Angst, 8. Arzt, 9. kochen, 10. Lecker, 11. muss, 12. vielleicht, 13. bald

4d Musterlösung:
- ● Wo warst du gestern? Gestern war Schulfest!
- ○ Tut mir leid. Mein Papagei hatte Fieber.
- ● Wo warst du gestern? Gestern hatten wir das Spiel!
- ○ Tut mir leid. Ich hatte einen Test.

5a 2. die Gemüsesuppe, 3. die Ohrenschmerzen, 4. der Apfelkuchen 5. der Fußball, 6. das Wörterbuch

5b 3. der Obstsaft, der Karottensaft, 4. das Deutschbuch, 5. der Obstkuchen, der Karottenkuchen, 6. die Bauchschmerzen

6a 2. Mario war am Sonntag krank, deshalb war er nicht beim Turnier. 3. Meine Eltern hatten frei, deshalb waren sie nicht in der Arbeit. 4. Max hatte kein Geld, deshalb war er nicht im Konzert. 5. Wir hatten eine Einladung, deshalb waren wir auf der Party. 6. Die Party war super, deshalb waren wir spät zu Hause.

6b Musterlösung: Ich hatte kein Geschenk, deshalb war ich nicht auf der Party. Ich war gesund, deshalb war ich im Schwimmbad. Ich hatte Schule, deshalb war ich nicht im Sportclub. Ich hatte keine Angst, deshalb war ich beim Pferd von Maja. Ich hatte kein Geld, deshalb war ich nicht im Supermarkt.

7 1. f, 2. f, 3. r, 4. r, 5. r

8 A 1–4 Yoga, J 1–6 Reiten, 2 B–I Klettern, 5 A–I Schwimmen, 7 B–J Skifahren, 8 A–F Tennis, 9 A–J Basketball, 10 B–H Fußball

Kapitel 9

1a 1. das Krankenhaus, 2. die Bibliothek, 3. die Post, 4. der Bahnhof, 5. die Bank, 6. die Bäckerei, 7. das Restaurant, 8. der Park

1b 1. besucht, 2. lernen, 3. Paket, 4. kaufen, 5. wechselt, 6. Brötchen, 7. essen, Suppe, 8. trifft

2a 1. 2 A–H das Motorrad, die Motorräder, 2. 3 C–F das Auto, die Autos, 3. 4 A–E die U-Bahn, die U-Bahnen, 4. 5 A–C der Bus, die Busse, 5. 7 B–H das Fahrrad, die Fahrräder, 6. 8 D–F der Zug, die Züge, 7. F 2–7 der Roller, die Roller, 8. G 1–4 das Taxi, die Taxis

2b 2. dem Taxi, 3. der U-Bahn, 4. dem Roller, 5. der Straßenbahn, 6. dem Auto, 7. dem Motorrad; Lösungswort: Fahrrad

2c 1. Straßenbahn, 2. Bus, 3. Motorrädern, 4. U-Bahn, 5. Fahrrad, 6. Bus

3a 2. in der Bibliothek, 3. in der Post, 4. im Bahnhof, 5. in der Bank, 6. in der Bäckerei, 7. im Restaurant, 8. im Park

3b 1. in der Bäckerei, 2. im Kino, 3. im Restaurant, 4. in der Post

4a 1. zur Schule, 2. in der Schule, 3. aus der Schule, 4. zum Zahnarzt, 5. beim Zahnarzt, 6. vom Zahnarzt

4b **Wohin?:** zum Bahnhof, in den Supermarkt, zu den Nachbarn, in die Bibliothek;
Wo?: beim Arzt, in der Bäckerei, bei der Tante von Jim;
Woher?: aus der Apotheke, aus dem Kino, vom Friseur, aus den Häusern

4c Beispiel: 1. …, deshalb bin ich jetzt beim Arzt. 2. Ich möchte einkaufen, deshalb gehe ich in den Supermarkt. 3. Ich komme vom Friseur, deshalb sehe ich gut aus. 4. Die Nachbarn sind sehr nett, deshalb gehe ich gern zu den Nachbarn. 5. Ich bin in der Bäckerei und kaufe Brötchen. 6. Ich gehe zum Bahnhof und hole Oma ab.

5a 1. in einem Haus, 2. in einer Wohnung, 3. in einem Hochhaus

5b Bei**spiel**, Mi**nuten**, Ad**resse**, H**aus**, wo**hnen**, Wo**hnung**, Zi**mmer**, kei**nen**, **aber**, Br**uder**, spi**elen**, s**upe**r, uns**ere**, **nicht**, Zi**mmer**, **sehr**, Zi**mmer**, tei**len**

5c 1. im Zentrum, 2. zehn Minuten, 3. Marktstraße 5, 4. vier Zimmer, 5. im Hof, 6. schön und sehr groß, 7. mit Denis

5d 2. meine Familie, 3. zehn Minuten, 4. lange, 5. mit dem Fahrrad, 6. mein Tisch

5e ☺ super, klasse, toll, gut, schön,
☹ nicht schön, blöd, schlecht, doof, langweilig

6a 1. der Garten, 2. das Wohnzimmer, 3. der Flur, 4. die Küche, 5. das Schlafzimmer, 6. das Bad, 7. die Toilette, 8. das Kinderzimmer

6b zuerst, dann, danach, zum Schluss

6c Zuerst muss sie ihr Zimmer aufräumen. Dann muss sie Leo von Max abholen. Danach muss sie Hausaufgaben machen. Zum Schluss muss sie einen Brief an Tante Sabine schreiben. Sie hat Geburtstag.

6d 2. im Bad, 3. im Wohnzimmer, 4. im Schlafzimmer, 5. im Garten

7a A, C, E, F, G, I

7b 1. r, 2. f, 3. f, 4. r, 5. r, 6. f

Lösungen

Kapitel 10

1a 1. Karneval; Helau! 2. Ostern; Frohe Ostern! 3. Geburtstag; Alles Gute!; Herzlichen Glückwunsch 4. Weihnachten; Frohe Weihnachten!

1b 1. im Kostüm Spaß haben; eine Party machen; Lieder singen 2. eine Party machen; Kuchen essen; Spiele machen; Freundinnen und Freunde einladen; Geschenke bekommen 3. in die Kirche gehen; Eier suchen; Geschenke bekommen; Verwandte besuchen 4. in die Kirche gehen; Lieder singen; Plätzchen backen; Geschenke bekommen; Verwandte besuchen

2 1. David, 2. Sam, 3. Mona, 4. Mona, 5. Sam, 6. David

3a 1 A–I September, 2 A–F Januar, 3 C–I Oktober, 5 E–H März, 6 C–E Mai, 7 A–G Februar, 8 B–I Dezember, 9 F–I Juli , 10 C–H August, A 4–6 Mai, C 2–10 November, I 6–10 April
Frühling: März, April, Mai;
Sommer: Juni, Juli, August;
Herbst: September, Oktober, November;
Winter: Dezember, Januar, Februar

3b Musterlösung: 1. Im Winter gehe ich gern Schlittschuhlaufen. Ich gehe gern ins Kino. 2. Im Frühling spiele ich gern draußen Fußball. Ich spiele gern mit dem Hund im Garten. 3. Im Sommer esse ich gern Eis. Ich chille gern am Strand. 4. Im Herbst fahre ich gern Mountainbike. Ich backe gern Kuchen.

3c Musterlösung: Ich habe im Juni Geburtstag. Ich werde bald 13 Jahre alt. Ich lade meine Freunde ein. Ich feiere gern am See. Es gibt Kuchen und Saft. Ich gehe mit den Gästen schwimmen.

4 2. das T-Shirt, die T-Shirts, 3. der Rucksack, die Rucksäcke, 4. die Tasche, die Taschen, 5. der Ohrring, die Ohrringe, 6. die Sonnenbrille, die Sonnenbrillen, 7.der Kopfhörer, die Kopfhörer, 8. die Lampe, die Lampen

5 1. dieses, Welches, Dieses, Dieses, 2. Diesen, Welchen, Dieser, diese, Diese

6a 2. der Schuh, die Schuhe, 3. die Bluse, die Blusen, 4. der Pullover, die Pullover, 5. der Rock, die Röcke, 6. das Hemd, die Hemden, 7. die Jacke, die Jacken, 8. die Hose, die Hosen

6b 1. D, 2. A, 3. E, 4. C, 5. B

6c 1. zu kalt, zu warm; 2. zu klein, zu alt, 3. zu teuer, zu kurz; 4. zu früh, zu spät

7a 1. helfe, 2. gratulieren, 3. schmeckt, 4. passt, 5. gefällt

7b 1. Sie, 2. ihm, 3. wir, 4. Wir, 5. ihm, 6. ihn, 7. er, 8. ihm. 9. Sie, 10. sie, 11. Sie, 12. uns, 13. ihr, 14, ihr, 15. Wir, 16. euch

8 1. schwarz, 2. gelb, 3. braun, 4. weiß, 5. grün, 6. rot, 7. orange, 8. blau

9 1. groß, 2. Haare, 3. schwarz, 4. Klasse, 5. sportlich, 6. gefällt, 7. findet, 8. mag, 9. Salat, 10. kann, 11. Hobby

10 2. lieber, 3. besser, 4. lieber

11 3. Ich finde Schwimmen besser als Reiten. 4. Rap gefällt mir besser als Pop. 5. Ich mag Gelb lieber als Grün. 6. Kakao schmeckt mir besser als Kaffee.

Kapitel 11

1 2. im Park, 3. im Schwimmbad, 4. im Kino, 5. zu Hause

2a Viel: carina; Nicht so viel: Floflo; Wenig: Paul_05

2b 1. Floflo, 2. carina, 3. Paul_05, 4. carina, 5. Floflo, 6. Paul_05

3 1. a, 2. b, 3. b, 4. a

4 1. Alles, 2. etwas, 3. alles, 4. nichts, 5. nichts, 6. etwas, 7. alles, 8. alles, 9. etwas

5a 2. finden, 3. treffen, 4. verstehen, 5. schreiben

5b 2. in der Journalismus-AG, 3. in der Koch-AG, 4. in der Theater-AG, 5. in der Schwimm-AG

5c 2. Musikraum, 3. Samstag, 4. Sänger, 5. Jungen, 6. Singen, 7. Konzert, 8. Spaß, 9. Treffen, 10. Preis

6a 2. Geld, 3. Essen, 4. Freunde, 5. Spaß

6b Ohne meinen Kopf kann ich nicht lernen.
Ohne meinen Mund kann ich nicht sprechen.
Ohne meine Augen kann ich nicht sehen.
Ohne meine Ohren kann ich nicht hören.
Ohne meine Hände kann ich nicht schreiben.
Ohne meine Füße kann ich nicht gehen.

6c 1. die, 2. meine, 3. meine, 4. meinen, 5. unseren, 6. den, 7. meine, 8. ein, 9. seinen, 10. mein

7 2. Mit einer Freundin. 3. Mit einem Kletterpartner. 4. Mit der Direktorin. 5. Mit dem Hund. 6. Mit dir. 7. Mit euch.

8a 1. In, 2. Vor, 3. Nach, 4. In, 5. Vor, 6. Nach, 7. Nach, 8. In, 9. vor, 10. Nach

8b 2. Nach der Schule besuche ich meine Oma.
3. In einer Stunde esse ich zu Mittag.
4. Nach dem Mittagessen treffe ich Freunde.
5. Nach der Hausarbeit gehe ich ins Kino.
6. In drei Tagen schreiben wir einen Englischtest.

8c Musterlösung: 1. Vor dem Test übe ich mit meiner Freundin. 2. Nach der Schule treffe ich meinen Bruder. 3. Vor dem Abendessen decke ich den Tisch. 4. Nach dem Abendessen gehe ich ins Kino. 5. In einer Woche haben wir Ferien. 6. In einem Monat besucht uns unsere Oma. 7. In einem Jahr werde ich 15.

9a 1. geradeaus, 2. rechts, 3. links

9b ● Wo ist d**as** Kino, bi**tte**?
○ D**u** gehst hi**er** gerade**aus** und dann re**chts**. Dann ge**hst** du li**nks** und dann wie**der** rechts. Da ist dann sch**on** das Ki**no**.
● All**es** klar, da**nke**!

9c Wir sind hier vor der Schule. Du gehst zuerst geradeaus, und dann links. Danach gehst du rechts. Jetzt bist du schon da: Der Arzt ist rechts.

9d 1. wohne, 2. Haus, 3. Minuten, 4. wieder, 5. U-Bahn, 6. Danach, 7. Fuß, 8. schon, 9. brauche, 10. Uhr

Kapitel 12

1a Mia: ma**chen**, Be**rgen**, w**ar**, li**ebe**, Be**rge**, ge**hen** kl**ettern**; Sinan: Ur**laub**, bes**uchen**, Cou**sins**, End**lich**, wi**eder**, Haupt**stadt**

1b 1. Deutschland, 2. Basel, 3. in der Mitte, 4. Bern, 5. im Westen, 6. Innsbruck, 7. Österreich

2a 2. spielen, 3. kaufen, 4. malen, 5. machen, 6. tanzen

2b 1. D, 2. C, 3. E, 4. A, 5. B

3a 1. gekauft, 2. gekocht, 3. gelernt, 4. gespielt, 5. gehört

3b

2. Dann	hat	sie Suppe	gekocht.
3. Danach	hat	sie Mathe	gelernt.
4. Um 17 Uhr	hat	sie Volleyball	gespielt.
5. Am Abend	hat	sie Musik	gehört.

4 telefonieren – telefoniert, organisieren – organisiert, malen – gemalt, arbeiten – gearbeitet, spielen – gespielt, kaufen – gekauft, reden – geredet, fotografieren – fotografiert

5 2. Sie hat Ausflüge mit der Familie gemacht.
3. Sie hat eine Party für Opa organisiert.
4. Auf Opas Party hat Marie viel getanzt.
5. Sie hat Opa oft fotografiert.
6. Marie hat in den Ferien auch Mathe gelernt.

6 Beispiel: 2. Nach dem Frühstück hat Paula mit Sophie telefoniert. 3. Am Nachmittag hat sie Klavier geübt. 4. Dann hat sie trainiert. 5. Am Abend hat sie im Garten gegrillt. 6. Später hat sie mit Sophie gechattet.

7a 1. D, 2. B, 3. G, 4. H, 5. A, 6. F, 7. C, 8. E

7b **Wohin?:** auf das Bett, in die Küche, auf die Bücher; **Wo?:** am Pool, in der Küche

8a 1. an, 2. auf, 3. auf, 4. im, 5. ans

8b 1. auf der, 2. in den, 3. im, 4. an der, 5. ins, 6. am

9a 1. b, 2. b, 3. a, 4. a

9b Beispiel: Liebe …,
viele Grüße aus München/Berlin/… . Hier ist es sehr schön. Das Wetter ist toll. Die Sonne scheint. Ich war schon im Zoo und im Park. Morgen gehen wir ins Museum. Ich bin am Montag wieder zu Hause. Bis bald, Greta

10 1. man, 2. er, 3. man, 4. Sie

11 1. in die, 2. von, nach, 3. in die, 4. Von, nach

12a B 1–6 Kuchen, E 1–13 Mineralwasser, I 1–5 Pizza, J 2–4 Eis, 5 F–J Kakao, 8 A–I Bratwurst, 10 E–I Suppe, 11 A–D Cola, 13 H–J Tee

12b 1. Kuchen, Pizza, 2. Tee, Kakao, 3. Limo, Mineralwasser, 4. Eis, 5. Bratwurst, Pizza, Suppe

12c 2. K, 3. G, 4. K, 5. G, 6. K, 7. K, 8. G, 9. G, 10. K

12d ● Guten Tag, was möchtest du?,
● Tut mir leid. Currywurst haben wir nicht mehr.
○ Schade, dann nehme ich eine Bratwurst.
○ Ich trinke nichts, danke.

13a 2. ~~scheint~~ – schneit, 3. ~~regnet~~ – scheint, 4. ~~schneit~~ – regnet, 5. ~~ist heiß~~ – sind 22 Grad.

13b 1. D, 2. A, 3. C, 4. B

13c 1. Wetter, warm, scheint, 2. regnet, kalt, 3. heiß, Grad, 4. schön, Schnee

Quellen

Kapitel 1: 4.1 picture-alliance/(tn, patrick becher), New York; **4.2** mauritius images/Friedrich Stark/Alamy; **4.3** Shutterstock (Vladimir Wrangel); **4.4–6** Shutterstock (pASob); **4.7** Shutterstock (Fortyforks); **4.8** Shutterstock (Valentyn Volkov); **4.9** stock.adobe.com (stockphoto-graf), Dublin; **4.10** Shutterstock (Great_Kit); **4.11** Shutterstock (MSSA); **4.12** BMW Group; **5.1** Shutterstock (VaLiza); **5.2–4** Dieter Mayr, München; **6.1** Shutterstock (matimix); **7.1** Shutterstock (rustycanuck)

Kapitel 2: 8.1 Shutterstock (antoniodiaz); **8.2** stock.adobe.com (junpinzon), Dublin; **8.3** stock.adobe.com (karelnoppe), Dublin; **8.4** stock.adobe.com (UMB-O), Dublin; **8.5** stock. adobe.com (Galina Barskaya), Dublin; **8.6** Shutterstock (REDPIXEL.PL); **8.7** stock.adobe.com (karelnoppe), Dublin; **8.8** stock.adobe.com (Rido), Dublin; **9.1** Shutterstock (Lorena Fernandez); **9.2** Shutterstock (Lapina); **9.3** Dieter Mayr, München; **10.1** Shutterstock (Seohwa Kim); **11.1** Shutterstock (Monkey Business Images)

Kapitel 3: 12.1 Shutterstock (Wondervisuals); **12.2** Shutterstock (UI) ; **14.1** Getty Images (Gary Dineen); **14.2** mauritius images/Friedrich Stark/Alamy; **14.3/15.1** stock.adobe.com (olgavolodina), Dublin; **15.2** Dieter Mayr, München; **17.1** Dieter Mayr, München; **17.2** stock.adobe.com (stockphoto-graf), Dublin

Kapitel 4: 18.1 stock.adobe.com (matimix), Dublin; **18.2** Ute Koithan, Kassel; **18.3** Shutterstock (Kzenon); **18.4** Shutterstock (StockLite); **22.1** Shutterstock (Andrey Arkusha); **23.1** Shutterstock (Makkuro GL)

Kapitel 5: 24.1 stock.adobe.com (matka_Wariatka), Dublin; **24.2/16** stock.adobe.com (euthymia), Dublin; **24.3/11** stock. adobe.com (OFC Pictures), Dublin; **24.4** stock. adobe.com (Mara Zemgaliete), Dublin; **24.5/14** Shutterstock (Pixelspieler); **24.6** Shutterstock (Elena Schweitzer); **24.7/12** stock. adobe.com (Friedberg), Dublin; **24.8/17** iStockphoto (Anna Kucherova), Calgary, Alberta; **24.9** stock.adobe. com (Markus Mainka), Dublin; **24.10** stock.adobe.com (VRD), Dublin; **24.13** stock.adobe.com (Bjorn Wylezich), Dublin; **24.15** iStockphoto (nalozmen), Calgary, Alberta; **24/18** stock. adobe.com (Pixelspieler), Dublin; **25.1** iStockphoto (trigga), Calgary, Alberta; **25.2** stock.adobe.com (OFC Pictures), Dublin; **25.3** Shutterstock (Pixelspieler); **24.4** iStockphoto (yvdavyd), Calgary, Alberta; **24.5** iStockphoto (nalozmen), Calgary, Alberta; **25.6** stock.adobe.com (Bjorn Wylezich), Dublin; **25.7** stock.adobe.com (rdnzl), Dublin; **25.8** stock. adobe.com (Schlierner), Dublin; **25.9** stock.adobe.com (Markus Mainka), Dublin; **25.10** stock.adobe.com (euthymia), Dublin; **25.11** Shutterstock (ifong); **25.12** stock.adobe. com (stockphoto-graf), Dublin; **27.1** stock.adobe.com (ExQuisine), Dublin; **27.2** stock.adobe.com (Markus Mainka); **27.3** stock.adobe.com (fudio), Dublin; **27.4** stock. adobe.com (rainbow33), Dublin; **27.5** Shutterstock (M.Unal Ozmen); **27.6** Shutterstock (Andrey_Kuzmi); **27.7** iStockphoto (fcafotodigital), Calgary, Alberta; **27.8** Shutterstock (Mauro Pezzotta); **27.9** stock.adobe.com (OFC Pictures), Dublin; **27.10** stock.adobe.com (Syda Productions), Dublin; **29.1** Shutterstock (Drozhzhina Elena); **29.2** stock.adobe.com (matka_Wariatka), Dublin; **29.3** Shutterstock (ifong); **29.4** Shutterstock (stockphoto-graf); **29.5** Shutterstock (stockcreations); **29.6** Shutterstock (margouillat photo)

Kapitel 6: 30.1 Colourbox.de, Berlin; **30.2** Dieter Mayr, München; **31.1** Shutterstock (chuhastock); **31.2** Shutterstock (Billion Photos); **31.3** stock.adobe.com (rdnzl), Dublin; **31.4** Shutterstock (domnitsky); **32.1** stock.adobe.com (Privilege) Dublin; **32.2** iStockphoto (Solovyova), Calgary, Alberta; **32.3** Felice Lembeck; **33.1** Shutterstock (Vasyl Syniuk); **35.1** Shutterstock (StockLite)

Kapitel 7: 36.1 stock.adobe.com (Syda Productions), Dublin; **36.2** iStockphoto (skynesher), Calgary, Alberta; **36.3** Shutterstock (rawiwano); **36.4** Shutterstock (senai aksoy); **36.5** Shutterstock (Phovoir); **36.6** Shutterstock (Konstantin Chagin); **36.7–8** Dieter Mayr, München; **37.1** Shutterstock (TunedIn by Westend61); **37.2** iStockphoto (monkeybusinessimages), Calgary, Alberta; **37.3** stock.adobe.com (Deyan Georgiev), Dublin; **37.4** Shutterstock (Iakov Filimonov); **39.1** Shutterstock (Phovoir); **39.2** Shutterstock (karelnoppe); **39.3** Shutterstock (lzf); **39.4** Shutterstock (Africa Studio); **39.5** Shutterstock (Andrey_Popov); **39.6** Shutterstock (A. and I. Kruk); **40.1** Shutterstock (OLENA KUZNIETSOVA); **40.2** Shutterstock (littleWhale); **41.1** Shutterstock (Dudarev Mikhail)

Kapitel 8: 42.1 Shutterstock (Daniela Barreto); **42.2** Shutterstock (SpeedKingz); **43.1** Shutterstock (Africa Studio); **45.1** Shutterstock (Ann Baldwin); **47.1** picture alliance/ Pressefoto Baumann

Kapitel 9: 49.1 Shutterstock (urfin); **49.2** stock.adobe.com (Andrey Popov), Dublin; **49.3** stock.adobe.com (Sergii Figurnyi), Dublin; **49.4** Shutterstock (Evgeny Kabardin); **49.5** Shutterstock (Makc); **49.6** stock.adobe.com (mrivserg), Dublin; **49.7** stock.adobe.com (Cello Armstrong), Dublin; **51.1** Shutterstock (Rafal Olechowski); **51.2** Angela Kilimann; **51.3** stock.adobe.com (PANORAMO), Dublin; **53.1** Shutterstock (Mary Long); **53.2** Shutterstock (Vector Tradition); **53.3** Shutterstock (Barmaleeva); **53.4** Shutterstock (Panda Vector); **53.5** Shutterstock (Venomous Vector)

Kapitel 10: 54.1 Shutterstock (Elnur); **54.2** Shutterstock (eileen meyer); **54.3** Shutterstock (Sandra van der Steen); **54.4** Shutterstock (vnlit); **55.1** Shutterstock (lettett); **56.1** Shutterstock (LovArt); **57.1** stock.adobe.com (Magdalena), Dublin; **57.2** stock.adobe. com (Alexandra Karamyshev), Dublin; **57.3** stock.adobe. com (Tarzhanova), Dublin; **57.4** stock.adobe.com (BEAUTYofLIFE), Dublin; **57.5** stock.adobe.com (Kayros Studio), Dublin; **57.6** stock. adobe.com (Alexandra Karamyshev), Dublin; **57.7** stock. adobe.com (nata777_7), Dublin; **57.8** stock.adobe.com (Tarzhanova), Dublin; **59.1** Dieter Mayr, München

Kapitel 11: 60.1 Shutterstock (Monkey Business Images); **60.2** Shutterstock (KateStone); **60.3** Shutterstock (Monkey Business Images); **61.1** iStockphoto (Daxus), Calgary, Alberta; **62.1** Shutterstock (SpeedKingz); **63.1** Shutterstock (ViChizh); **63.2** Shutterstock (Neirfy)

Kapitel 12: 66.1/2 Dieter Mayr, München; **66.3** Shutterstock (pASob); **69.1** Shutterstock (Birdiegirl); **69.2** Shutterstock (johavel); **69.3** Shutterstock (BUTENKOV ALEKSEI); **69.4** Shutterstock (NotionPic); **70.1** Shutterstock (Elena Elisseeva); **70.2** Shutterstock (Mariyana M); **70.3** 118.8 stock.adobe.com (Daniel Fleck), Dublin; **70.4** iStockphoto (nalozmen), Calgary, Alberta; **70.5** Shutterstock (stockphoto-graf); **70.6** Shutterstock (M.Unal Ozmen); **70.7** stock.adobe.com (fudio), Dublin; **70.8** Shutterstock (stockcreations); **70.9** Shutterstock (ifong); **70.10** Shutterstock (Coprid)